서른 넘어 찾아온
다섯 가지 기회

서른 넘어 찾아온
다섯 가지 기회

30대를 통과하는 사람들을 위한 지침서

김현종 지음

whale books

'지금의 나'와 '나의 지금'을 사랑하는가?

오지 않을 것 같았던 서른이 나에게 엄습했다. 나이는 숫자에 불과한 것이 아니었다. 3으로 시작하는 나이가 되자 문득 두렵고 서글펐다. 어른이라고 하기에는 아직 어리고, 젊다고 하기에는 이미 나이 든 '어른이'가 되었다. 그동안 나름대로 열심히 살았는데 막상 아무것도 이룬 것이 없었다. 막연히 20대에 상상한 30대는 꽃길이었지만 현실은 여전히 흙길이었다.

어른들이 말한 대로 열심히 노력해 서울 소재 4년제 대학을 나와 대기업에 취직했지만 행복하지 않았다. 초, 중, 고 12년간 입시의 노예로, 대학 4년간 스펙의 노예로 살아온 것도 모자라 다시 회사의 노예로 살아야 했다. "대한민국은 민주공화국이다"라고 헌법에 명시되어 있지만, 기업의 반민주적인 행태에 괴리감을 느끼며 무력한 김 대리가 되었다.

'나는 지금 잘 사는가?'라고 시작된 고민은 꼬리에 꼬리를 물고 나를 따라다녔다. 직장과 가정, 현실과 이상, 그리고 관계 속에서 고민은 계속되었다. 머릿속을 괴롭히는 물음표를 느낌표로 바꾸고 싶었다. 서른과 마흔 사이에서, 서른 넘어 삶이 던지는 마흔 가지 고민에 하나씩 답해보기로 했다. 《서른 넘어 찾아온 다섯 가지 기회》는 평범한 대한민국 84년생 직장인이 고민을 기회로 바꾸고자 꿈틀대는 과정을 그렸다. 이 과정을 상황과 주제에 따라 '일', '현실', '관계', '결혼', '꿈'으로 구성했다.

직장에서 30대는 위에서 눌리고 아래에 치인다. 후배에게는 '상사와 다를 바 없는 젊은 꼰대' 취급받지 않으려고, 상사에게는 '후배와 다를 바 없는 무개념'으로 찍히지 않으려고 외줄 타기를 해야 한다. 첫 번째 '일'에서는 취업의 꿈을 이루었지만, 퇴사를 꿈꾸는 직장인에게 직장 내 관계와 처세, 자세와 성장 등에 관해 함께 나누고자 한다.

우리 현실은 암담하기만 하다. 설문 결과 전 연령대 중에 가장 우울한 것으로 드러난 30대를 한 심리학자는 공포 세대라고 정의했다. 두 번째 '현실'에서는 불안과 공포 속에서 어떻게 살아야 할지 막막한 현실을 고발했다. 왜 공포가 극대화되는지, 왜 자꾸만 피로한지 등 우리를 불행하게 만드는 원인을 살펴보며 어떻게 극복할지 함께 고민하고자 한다.

30대가 되면 여러 관계가 생겨나는 동시에 정리된다. 취업과 승진, 결혼과 육아 등 인생의 변화가 많은 시기에 어떤 관계를 맺어야 할까? 세 번째 '관계'에서는 사회 구성원으로서 건강한 관계에 대한 자세를 다루었다. 어떻게 나 자신과 올바른 관계를 회복하고 친구와 이웃, 공동체와의 관계를 재조명할지 함께 생각하고자 한다.

이제 결혼은 필수가 아닌 선택이 된 시대다. 요즘 30대의 절반이 결혼을 포기하거나 비혼을 선언한다. 네 번째 '결혼'에서는 비혼 시대 속 결혼의 의미와 결혼 생활의 고민을 이야기했다. 초짜 부부가 초짜 부모가 되는 좌충우돌의 과정을 그리며 어떻게 행복한 가정을 꾸려갈지 진지하게 고민했던 내용을 함께 이야기하고자 한다.

꿈과 희망까지 포기하는 7포 세대가 등장했다. 대한민국의 미래는 어떻게 될까? 다섯 번째 '꿈'에서는 고민에 빠진 우리가 내려야 할 꿈의 선택을 토로했다. 짜장면이냐 짬뽕이냐를 선택하기도 어려운데 삶의 문제를 놓고 우리는 꿈을 향해 어떻게 올바른 선택을 할 것인가? 삶의 고수들이 토해내는 이야기에 귀 기울이며 생각을 함께 공유하고자 한다.

결론적으로 이 책의 메시지는 '지금의 나를 사랑하고 나의 지금을 사랑하자'는 것이다. 우리는 남과 자신을 비교할 때가 아닌 나 자신을 극복할 때 진정한 만족을 느낀다. 지금 부족하더라도 나를 그대로 인정하고 사랑할 때 어제보다 조금 더 나은 오늘의 내가 된다. 이렇게 '지금의 나'를 사랑하면 '나의 지금'을 사랑하게 된다. 내가 지금 만나는 사람, 하는 일, 추구하는 가치, 열망하는 꿈, 함께 사는 공동체를 사랑하는 것이다. 이렇게 우리는 좀 더 어른이 되어 가지 않을까?

앞이 보이지 않는 직장 생활을 경주마처럼 달려온 지 어느덧 10년이다. 영업직의 특성상 그동안 직장인 수천 명을 만났다. 이를 통해 대한민국 직장인으로 살아가기가 정말 녹록지 않다는 것을 절실히 느꼈다. 특히, 현실과 타협하며 꿈을 잃어버린 채 '꿈보다 밥'을 선택한 수많은 직장인을 보았다. 직장 생활을 거듭할수록 나 역시 그들 중 한 명이 되어가는 것은 아닌지 불안해졌다.

'이렇게 일만 하다 죽으려고 태어났나?'라는 생각을 지울 수 없던 어느 날, '밥보다 꿈'을 선택하기 위해 작은 용기를 냈다. 육아 휴직을 통해 직장 생활 10년을 돌아보며 소중한 시간을 보냈다. 삶이 나에게 던지는 고민에 성실히 답을 찾아가는 과정으로 진정한 나를 만나고자 몸부림쳤다. 나 자신과 직면하며 발견한 '지금의 나'를 사랑하고 '나의 지금'을 사랑하기로 했다.

이 책은 크게 성공한 저자가 쓴 일반 자기계발서와 다르다. 평범한 30대 저자가 30대와 함께 밤새 나누고 싶은 삶의 이야기를 담았다. 부디 이 책이 일과 현실, 관계와 결혼 그리고 꿈의 선택지에서 고민에 빠진 독자에게 말벗이 된다면 더없이 기쁠 것이다. 친구와 함께 커피 한잔, 술 한잔을 마시며 고민을 나눌 때 작은 위로와 용기를 얻듯이 말이다.

2020년 봄
김현중

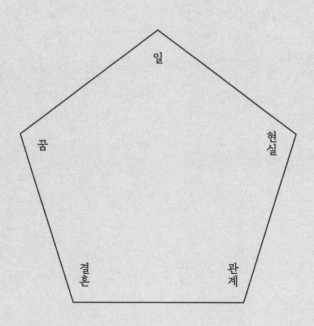

첫 번째 기회

일

네 번째 기회

결혼

다섯 번째 기회

꿈

첫
번째
기회

대부분의 사람은
마음먹은 만큼 행복하다.

- 에이브러햄 링컨

1 취업을 이룬 30대 직장인, 퇴사를 꿈꾸다

대한민국은 참 재미있는 나라다. 가장 좋은 것도 일등, 가장 나쁜 것도 일등이다. 평균 IQ 105로 세계에서 가장 머리가 좋고 문맹률 1퍼센트 미만인 유일한 나라다. 음악 수준도 가장 빠르게 발전하여 아시아 최초로 빌보드 차트 1위에 오른 가수 방탄소년단을 배출했다. 하지만 동시에 OECD 회원국 중 자살률 1위, 노인 빈곤율 1위, 아동 불행지수 1위의 불명예 타이틀을 얻었다.

또한 '꿈의 나라, 신비의 세계'다. 롯데월드 이야기가 아니다. 대학생은 취업을 꿈꾸고, 직장인은 퇴사를 꿈꾸는 신기한 곳이다. 이제 대학은 학문이 아닌 취업을 위해 존재하는 학원으로 전락해 버렸다. 취업이 잘되는 인기 학과의 쏠림 현상으로 비인기 학과가 통폐합되는 '학과 구조 조정'이 단행된다.

스펙을 쌓기 위한 취업 전쟁터, 대학에서 낭만은 사치가 된 지 오래다. 취업 스터디, 어학연수, 공모전, 각종 자격증 등에 꽃다운 청춘을 쏟아부은 것도 모자라 수백 통의 입사 지원서, 아니 '입사 구걸서'를 써야 한다. 냉장고에 코끼리 넣기보다 어렵다는 취업문을 통과해야만 마침내 사원증을 목에 건 직장인이 된다.

나는 대기업에 들어가면 최소한 불행하지는 않으리라고 믿었다. 그런데 직장 동료들은 틈나면 모여 꿈 이야기를 늘어놓기 바쁘다. 강 대리는 작은 회사라도 좋으니 워라밸이 보장되는 곳으로 이직하겠다, 박 과장은 대박 아이템 사업으로 건물주가 되겠다고 한다. 이 사원은 로또 당첨만 되면 당장 꼰대 상사 면전에 사표를 던지고 세계 여행을 떠나겠단다. 그렇게 짧은 커피 타임이 끝나면 다시 일상으로 돌아온다. 절박하게 취업을 이룬 직장인은 다시 간절하게 퇴사를 꿈꾼다.

2017년 10월, 공감대와 입소문으로 개봉 8일 만에 3만 관객을 돌파한 영화 〈잠깐만 회사 좀 관두고 올게〉를 뒤늦게 보았다. 미생의 감성을 자극하는 제목에 걸맞게 영화가 주는 울림이 있었다.

영화를 보는 내내 주인공에 빙의해, 매일 14시간씩 회사에서 일하며 청춘을 바친 나를 떠올렸다. 매달 150시간이 넘는 초과근무를 하지만, 야근 수당조차 받지 못하는 영업사원 다카시. 실수투성이인 그는 악마 같은 부장에게 매일 폭언과 폭행에 시달린다. 번

아웃, 무기력, 우울증 3종 세트를 다 겪으며 두 번이나 자살하려고 하지만, 그때마다 친구 야마모토가 나타나 구해준다. 초긍정 아이콘 친구의 영향으로 다카시는 점점 미소를 되찾고 과감한 결단을 내린다. 야마모토에게 "잠깐만 회사 좀 관두고 올게!"라는 말을 하고 곧장 부장에게 찾아가 사표를 던진다.

"취직을 빨리하고 싶어서 안달 난 나머지 제가 진짜 하고 싶은 게 뭔지도 모른 채 이 회사에 입사했습니다. 이제부턴 자신을 속이지 않고 살아가고 싶습니다"라는 대사가 편두통처럼 머릿속을 파고들었다.

나는 그동안 나로서 살아가지 못했다. 어릴 때 귀에 딱지가 앉도록 '어른 말을 들으면 자다가도 떡이 생긴다'는 속담을 듣고 자랐다. 이것은 지혜인가, 협박인가. 지혜라고 강조하는 어머니의 신념이 때로는 협박처럼 느껴졌다. 성인이 되어서도 마찬가지였다.

"엄마는 네 인생 포기 못 해. 넌 공부만 해!" 지난해 열풍을 일으킨 드라마 〈스카이캐슬〉의 명대사인데 전혀 낯설지 않은 이유가 뭘까? IMF 외환위기를 겪은 부모 세대를 보며 자란 80년대생이 지금의 30대다. 1997년 자살률은 40퍼센트 대로 급증했으며 처음으로 자살자 수가 교통사고 사망자 수를 넘었다. 절망 끝을 경험한 부모 세대의 유일한 희망은 오직 자식의 미래뿐이었다. "어른 말을 들으면 자다가도 떡이 생긴다"라는 말이 이렇게 호소력 있게 다가온 적이 또 있을까? 나는 부모님의 유일한 희망이었다.

대기업 회사원이 되자, 부모님은 기뻐했지만 나는 전혀 그렇지 않았다. 진짜 원하는 게 뭔지 치열하게 고민하지 않은 채 쉼 없이 달렸다. 말 잘 듣는 순한 양처럼 그저 우르르 몰려가는 양 떼를 따라 아무 의심 없이 쫓아갔다. 물론 자식이 부모를 공경하고 어른의 지혜에 귀 기울이는 것은 옳다. 그러나 인생의 중요한 선택을 스스로 하지 않으면 결국 자신만 불행해질 뿐이다.

열정과 패기로 당차게 임원을 꿈꾸며 입사한 대기업. 그러나 그곳에는 '열정 페이'가 기다린다. 가정을 포기하면서까지 회사에 충성하며 헌신했지만, 헌신짝처럼 하루아침에 버려지는 임원들을 목격한다. 공포와 충격이다. 그들은 무엇을 위해 그동안 살아왔다는 말인가? 선배들은 말한다. "회사를 절대 믿지 마. 눈에 안 띄고 가늘고 길게 가는 게 최고야."

내일 종말이 오더라도 사과나무 한 그루를 심어야 한다고, 단 하루를 살아도 짧고 굵게 살아야 한다고 배웠는데…. 30대가 되어서야 스스로 선택하는 삶을 치열하게 고민하기 시작했다. 롤 모델도 없고 비전도 없는, 녹록지 않은 직장 생활에서 벗어나고 싶다. '나'를 포기한 채 영혼 없이 자신을 소진하는 선배의 전철을 밟지 않으려 나는 퇴사를 꿈꾼다.

사실 흙수저에게 퇴사는 배부른 소리다. 대출과 카드빚을 비롯해 저마다 처한 환경 때문에 직장을 다니는 사람이 많다. 나 역시 월급 노예로 살아왔음을 부정할 수 없다. 버티는 일만으로도 벅찬 회사 생활 속에서 이직, 사업 등을 준비하기는 어려운 일이다. 겨우 취준생에서 벗어났는데 다시 '퇴준생'이 되려면 그만큼 절박함과 용기가 필요하다.

만나면 이직과 사업 그리고 퇴사 이야기를 나누는 직장인들. 특히 회사 우울증을 가장 많이 겪는 30대 직장인은 존버와 퇴사의 길 사이에서 계속 흔들린다. 퇴준생이 존버생보다 당당하거나 용기 있다고 말할 수도, 무모하고 철없다고 말할 수도 없다. 퇴준생에게는 절이 싫으면 중이 떠나는 법이고 존버생에게는 버티는 게 곧 이기는 법이니까.

스페인 시인 안토니오 마차도는 "여행자여 길은 없다. 당신의 걸음이 길을 만든다"라고 말했다. 중요한 것은 어떤 길을 가느냐가 아니라 어떻게 길을 가느냐. 드라마 〈미생〉의 대사처럼 "직장 안은 전쟁터, 직장 밖은 지옥"이지만, 늘 남과 비교하며 불평 가득한 사람에게는 직장 안팎이 모두 지옥이다. 반면에 성장에 초점을 맞추며 어제보다 나은 오늘을 걷고자 하는 사람에게는 모두 무대가 된다. 존버생은 인내를 통해 성숙한 존재로, 퇴준생은 도전을 통해 창조적 존재로 거듭날 것이다.

2   샌드위치 신세가 된 W세대

2002년 당시 나는 고등학교 3학년이었다. 초등학생 때부터 쉬는 시간과 점심시간마다 운동장으로 달려나가 축구를 했다. 축구하는 재미로 학교에 다녔다고 해도 과언이 아니었다. 그런데 이 무슨 운명의 장난인가. 하필 그때 대한민국이 월드컵을 개최하다니. 결국, 참지 못하고 거리로 나갔다. 수능은 재수하면 다시 볼 수 있지만, 월드컵은 다시 보려면 4년을 기다려야 했다. 게다가 대한민국에서 열리는 일은 내가 살아 있는 동안 처음이자 마지막일지도 몰랐으니까.

나와 같이 2002 한일월드컵의 열기를 공유한 현재 대한민국 30대(1980~1987년생)를 'W세대(월드컵 세대)'라고 부른다. 2002년에 대대적인 거리 응원을 주도하며 등장한 W세대는 열정적 에너지, 자율과 공동체 의식, 개방성을 지닌 세대로 평가받았다. 또한, 사회와 문화의 건강성과 생동감을 상징하는 세대로 주목받기도 했다.

두산백과에서는 W세대를 이렇게 정의한다. "이들은 개인의 열정을 열린 공간과 대중 앞에서 당당하게 표현할 줄 알고, 전형적 형식을 깨뜨리면서도 자율적 질서의식을 갖추고 있고, 다양한 개성을 존중하면서 함께 어울릴 줄 아는 특성을 지니고 있다." 참 듣기 좋은 말이다. 하지만 가슴 한편에 불편함이 남는 이유가 무엇일까?

현재 30대인 W세대는 죽어라 노력하며 이전 세대보다 훨씬 더 뛰어난 스펙을 쌓았지만, 그만큼 사회에서 대접받지는 못한다. 중앙대학교 사회학과 이병훈 교수는 "W세대는 이전 세대보다 자유롭고 세계화, 디지털화된 세대며 스펙은 물론 잠재력도 뛰어나다. 그럼에도 취업이 안 된 이들은 N포 세대가 돼버렸다"라고 말했다. 이어 어렵게 취업한 30대도 직장에서 자신들의 가치나 문화가 용인받기보다는 이전 세대 눈치를 보며 잠재력을 발휘하지 못하는 걸 답답해한다고 진단했다.

W세대 이전에는 X세대가 있었다. X세대는 캐나다 작가 더글러스 코플런드의 소설《Generation X》에서 유래해 1960~1970년대에 태어난 세대를 일컫는다. 워크맨과 삐삐가 유행했던 X세대는 개인주의를 추구하고 자유로운 개성을 표출하는 특징을 지닌

다. 현재 직장에서 W세대의 상사가 바로 X세대다. 그렇다면 W세대 이후에는 어떤 세대가 있을까?

워라밸 세대는 1988~1994년생으로 구성된 세대다. 최근 화제가 된 책 《90년생이 온다》에서 분석한 90년대생 중 늙은 90년대생이 여기에 속한다. 워라밸 세대는 칼퇴근과 사생활을 중시하고 취미 생활을 즐긴다. 그리고 소확행, 탕진잼, 시발비용 등을 추구하며 소비 시장의 주축으로 떠올랐다. 현재 직장에서 W세대의 후배가 워라밸 세대다.

W세대인 나는 회사에서 X세대 상사와 워라밸 세대 후배 사이에서 가교 구실을 해야 하는 중간자다. 본인은 회사의 통제에서 자유를 추구하지만, 정작 조직의 자유는 눈엣가시처럼 여기는 X세대 상사가 있다. 상사는 "아니, 요즘 애들은 기본이 안 되어 있어. 상사가 퇴근하기도 전에 지들이 먼저 가는 게 말이 돼?"라며 나에게 눈치를 준다. 군기 좀 잡으라는 말이다. 후배들도 나에게 하소연한다. "아니, 저희는 이해가 안 가요. 왜 할 것도 없는데 매일 야근해야 하는지 모르겠어요. 그분은 항상 '답정너'라 답답해요. 칼퇴근할 수 있도록 건의 좀 해주세요."

한쪽 팔은 상사가 다른 쪽 팔은 후배가 붙잡고 동시에 잡아당길 때면 '난 누군가? 또 여긴 어딘가?'라는 생각으로 카오스에 빠진다. 중간자 위치에서 양쪽의 말을 균형 있게 전달하며 소통하는 것이 얼마나 어려운 예술의 경지인지 해본 사람만이 안다. 내 의견

이 조금이라도 상사 편으로 기울면 나는 후배들에게 '똑같은 꼰대'로 낙인찍힌다. 반대로 후배들 편으로 기울면 상사에게 '똑같은 무개념'으로 욕먹는다. 마음속에서는 '마이 웨이'를 외치지만, 현실 속에서는 박쥐 같은 내 모습에 자괴감을 느낀다. 나는 꼰대도 무개념도 되고 싶지 않다.

W세대는 X세대와 워라밸 세대 사이에 긴 샌드위치 신세로, 위로는 개성이 강한 X세대 상사에게 눌리며 자신을 소진한다. 아래로는 본인 일 외에는 희생하지 않으려는 워라밸 세대에게 치여 이러지도 저러지도 못한다. W세대는 계속 혼란스럽기만 하다.

상사, 선배와 식사할 때면 사전에 메뉴 세 개를 제안하고 미리 가서 자리를 확보하며 재빠르게 물과 수저를 세팅하는 것이 비즈니스맨의 기본이라 배웠거늘. 어린 후배들은 차려진 밥상에 숟가락만 얹는다. 배우 황정민이 시상식 소감으로 준비했던 겸손한 멘트를 이들은 생활신조로 여기는 듯하다(물론 모든 후배에게 해당하는 경우는 아니다).

내가 배웠던 대로 '후배 사원의 도'를 가르치려 들다가는 꼰대로 낙인찍힐 게 뻔하다. 목마른 사람이 우물을 판다고 스마트폰만 보는 후배 대신에 물과 수저를 세팅한다. 애써 꼰대가 아닌 척 인자한 미소를 짓지만, 이것이 울고 있는 피에로의 미소라는 것을 알기나 할까? 후배의 당당함이 부러운 만큼 단전에서부터 억울함이 식도를 타고 치솟는다. 그동안 상사 눈칫밥만 먹다가 이제는 꼰대

소리 들을까 봐 후배 눈칫밥까지 먹어야 하는 나를 누가 위로해 준다는 말인가.

나는 세대 담론에 편승해 성급한 일반화의 오류를 범하고 싶지는 않다. 사실 억울한 만큼 부러운 90년대생이 대한민국 직장 민주화의 주역이 되리라고 확신한다. 자신의 권리를 당당히 주장하고 부당함에 솔직함으로 맞서는 요즘 세대를 배우고 이해해야 한다.

동시에 우리는 이전 세대를 존중해야 한다. 절대적인 시간을 통해서만 습득하는 것이 있다. 바로 경험을 통해 체득하는 지혜다. 지혜란 '사물의 이치를 빨리 깨닫고 사물을 정확하게 처리하는 정신적 능력'이다. 이전 세대의 경험 안에 담긴 시간을 내 것으로 만드는 지혜가 필요하다.

다행히 최근 우리 사회에 워라밸 세대의 균형감과 X세대의 자유로움을 보여주는 W세대들이 등장했다. 육아휴직을 하고, 직접 정치에 참여하는 30대가 늘어 긍정적이다. 고용노동부에서 발표한 남성 육아휴직자 수는 2016년 7,616명에서 2018년 17,662명으로 2배 이상 증가했다. 연령대별로는 30대 비율이 가장 높았다. 일과 가정의 균형을 찾는 W세대가 늘어났다.

2018년 6·13 지방선거에서 한 가지 눈에 띄는 점이 있었다. 지방의회에 입성한 20, 30대 청년이 총 238명이었고, 서울 시의원에

당선된 청년이 총 10명(20대 2명, 30대 8명)이었다. 청년 후보가 눈에 띄게 증가하며 청년 문제에 관한 관심도 높아졌다. 특히 자유로운 생각을 펼치는 W세대가 정치에 뛰어들고 있어 앞으로가 더욱 기대된다.

서울시장 선거에 나섰던 34세 후보 이야기에 관심이 갔다. 후보는 일간지와의 인터뷰에서 "누구보다 미래를 오래 살아갈 청년들이 정작 미래를 설계하는 테이블에 참여하지 못하기 때문에 청년 문제가 해결되지 않는다. 우리 시대의 책임 있는 시민으로서 역할을 하기 위해 정치를 결심했다"라고 말했다. 아직 청년 정치인이 가야 할 길이 멀지만, 직접 발 벗고 나서 정의 사회 구현을 위한 목소리를 냈다는 데 큰 의미가 있다.

위아래로 압박하고 양옆에서 잡아당기는 통에 샌드위치가 된 W세대는 답답하다. 그러나 뒤집어보면 중간이란 위치는 양쪽의 장점을 모두 취할 수 있다는 이점이 있다. 그래서 W세대 역할이 중요하다. 중간자로서 고립의 장벽이 될지, 소통의 가교가 될지는 우리에게 달렸다. W세대에게는 전 세계를 발칵 뒤집어 놓았던 2002년 월드컵의 뜨거운 피가 흐른다. 다양한 개성을 존중하며 함께 어울렸고 개인의 열정을 공동체에서 당당하게 표출했던 이 세대가 다시 일어나기를 기대해 본다.

3 왜 또라이는 어딜 가나 항상 있을까?

직장인에게 최고의 안주는 상사 욕이다. 모이면 저마다 자기 상사가 얼마나 대단한지 침을 튀기며 자랑(?)하기 바쁘다. 친구 중 한 명은 "임원이 되려면 뭐가 제일 필요한지 알아? 전문성이 아니라 '전무성'이야. 우리 회사엔 무능해도 사내 정치로 임원이 된 전무가 있는데 전무성 만렙의 또라이야"라고 말해 듣고 있던 친구들이 모두 웃었다.

직장인 사이에서 '또라이 질량 보존의 법칙'이라는 말이 유행했다. 언제 어딜 가나 일정 수의 또라이가 반드시 존재한다는 다섯 가지 법칙이다.

1. 직장 상사 중에 또라이가 있다. 팀을 옮겨도 그 팀에 똑같은 또라이가 있다.
2. 옮긴 팀의 상사가 조금 덜 또라이다. 대신 그런 또라이가 여러 명 있다.
3. 내가 이를 악물고 버티면 또라이가 회사를 그만두는 기적이 일어난다. 그러나 새로 들어오는 사람이 또라이다.
4. 또라이를 못 이기고 결국 탈출한다. 그러나 도망친 곳에 역시 또라이가 있다.
5. 내 주변에 또라이가 없을 수도 있다. 그 경우에 또라이는 나다.

직장 상사 중에 연설가의 꿈을 실현하려고 회사에 다니나 싶을 정도로 회의를 좋아하는 '회의'주의자와 근무한 적이 있다. 한번 시작하면 2시간 연설은 기본이다. 누가 용기를 내 직언했는지 한번은 그 상사가 짧게 끝낼 테니 스탠딩 미팅을 하자고 했다. 기대했던 내가 바보였다. 나는 2시간 동안 서 있었다.

직장인 사이에 회자되는 네 가지 유형의 상사가 있다. '똑부', '똑게', '멍부', '멍게'가 그것이다. 똑부는 똑똑하면서도 부지런한 상사, 똑게는 똑똑하지만 게으른 상사를 말한다. 반면 멍부는 멍청하지만 부지런한 상사, 멍게는 멍청하면서도 게으른 상사다. 이 네 가지 분류법은 인터넷에 떠도는 우스갯소리인 줄 알았는데, 아니었다.

프로이센의 몰트케 원수가 인재를 적재적소에 배치하기 위해 고안해 낸 방법이었다고 한다. 오래전에 군에서 쓰였던 인재 분류법이 지금은 직장인의 애환이 깃든 직장 상사 분류법이 된 것이다.

　최악의 유형은 멍부다. 멍청하면서 부지런한 상사는 직장인에게 공공의 적이다. 해결책이 없기에 늘 미간을 찌푸리고 걱정만 태산이다. 전문성이 없기에 과업이 떨어지면 무조건 부하 직원들만 들들 볶는다. 생각나는 대로 일 방향을 자주 바꾸기도 한다. 팀 전체가 야근하며 생고생하지만, 헛수고일 때가 많다. 열정은 있지만 자신감이 없고, 귀가 얇기에 매 순간 흔들린다. 매번 목표가 바뀌니 성과는 당연히 기대할 수 없다.

　멍부는 아침 일찍 출근하고 저녁 늦게까지 남는다. 머리는 차갑고 가슴은 뜨거워야 하는데 멍부는 머리도 가슴도 늘 불탄다. 자신을 보지 못하고 팀원을 신뢰하지 못하며 쓸데없는 간섭만 많다.

　직장 생활 10년이 된 나는 네 가지 유형을 모두 겪어보았다. 유형을 떠나 대부분 따뜻하고 열정이 넘치는 상사 밑에서 업무 지식을 비롯한 인생 전반의 지혜를 배웠다. 감사한 기억들이 새록새록 떠오른다. 하지만 인간은 간사하다. 안 좋은 기억일수록 더 생생하고 오래 마음에 남는다.

　한 상사가 나에게 던졌던 말이 불쑥 떠오른다. "프로젝트 매니저가 멍청하니까 결과가 이렇잖아. 매일 밤새우면서 일해!" 나는 태어나 처음으로 멍청하다는 소리를 들었다. 그것도 회의 시간에 많은 직원이 보는 앞에서. 머릿속이 새하얘졌다. 회의가 어떻게 끝났는지 기억나지 않는다. 시간이 지날수록 수치심이 밀려왔다. 테트리스 게임에서 아귀 안 맞는 벽돌들이 점점 쌓여가듯 온갖 생각이 머리를 가득 채워갔다.

가슴에 비수를 꽂았던 상사는 본사 소속의 프로젝트 총책임자였다. "몇 시간 잤어? 밤새웠어?"라는 어록을 가진 그는 회사에서 중책을 맡으며 승승장구하는 독사였다. 아무리 그 인간의 동기부여 방식이라고 해도 사람에게 독을 뿜어서는 안 된다. 결국, 나는 독사에게 받은 수치심을 갚아주겠다는 각오로 밤새우며 일했다. 3개월 동안 독사가 뿜은 독이 온몸에 퍼져나가는 것 같았다. 그는 꿈에서도 악몽의 주인공이 되어 나를 괴롭혔다. 그 후 프로젝트가 성공의 조짐을 보이자, 그는 태도를 싹 바꿔 살가운 미소를 지으며 숟가락을 얹으려고 했다. 정말 사악한 인간 같으니라고!

SNS를 뜨겁게 달구었던 어느 목사의 명언이 있다. 그가 가난했던 시절, 아내가 버리는 배춧잎이라도 주워 끼니를 해결하려고 주인집 김장을 도왔다고 한다. 그런데 버린 배춧잎을 줍는 모습을 보고 집주인이 무심코 한마디 내뱉는다. "그건 뭐하게? 돼지 주려고?" 그는 이 사건으로 세 가지를 크게 깨달았다고 한다.

첫째, 내가 생각 없이 내뱉은 말이 상대편 가슴에는 평생 못으로 박힐 수 있다.

둘째, 상대가 의도적으로 상처 주는 말을 해도 상처받으면 안 되는데 의도하지 않은 말에 상처받지 말자.

셋째, 같은 말이라도 고생할 때 하는 말은 아픔이 되는데 지나간 다음에 하는 말은 추억이 된다. (세월이 한참 지난 후에야 아내는 그때 사건을 목사에게 이야기했다고 한다.)

말할 때는 늘 조심해야 한다. 말을 들을 때는 상처받지 말아야 한다. 또한, 말의 때가 언제인지 아는 게 중요하다. 무심코 던진 돌에 개구리가 죽지만, 무심코 던진 말에 사람이 죽어서야 되겠는가.

법륜 스님은 "나쁜 말은 쓰레기다. 누가 쓰레기를 던지면 그 자리에서 쓰레기통에 버려야 한다"라고 말했다. 그렇다, 쓰레기는 쓰레기통에 버리면 그만이다. 그러나 나는 몇 달간 쓰레기를 꼭 끌어안고 지냈다. 지금 생각해도 너무 억울하고 분하다. 앞으로 어떤 쓰레기가 날아오더라도 바로 쓰레기통으로 강스파이크를 날릴 테다. 또라이가 풍기는 구린내가 몸에 조금이라도 묻기 전에.

어디에나 있는 또라이 상사를 상대로 우리는 어떻게 현명하게 대처해야 할까? 한 일간지에 소개된 '또라이 상사 대처법'을 살펴보자.

첫째, 계속 간섭하고 잔소리하는 상사에게는 귀찮게 하여 간섭을 사전에 차단하는 지혜가 필요하다. 일이 완료되기 전에 수시로 보고하고 만족하는지 확인하는 것이 최선이다.

둘째, 심하게 감정적이고 화를 잘 내는 상사를 대할 때는 상사가 흥분이 가라앉을 때까지 가만히 있거나 자리를 피하는 것이 좋다. 자칫했다간 최악을 보기 때문이다.

셋째, 책임을 떠넘기는 상사에게는 오히려 살갑게 챙기고 존중하는 자세를 보여야 한다. 그렇게까지 해야 하나 싶겠지만 그래야 편해진다. 이렇게 했는데도 변하지 않는다면 그 사람은 '소시오패스'일 확률이 높다.

정신건강의학과 임찬영 전문의는 "소시오패스는 쉽게 드러나는 일반 사이코패스 경향과는 달리 잘 드러나지 않지만, 자신의 이득을 위해 주변을 이용하는 경향으로 지속해서 주변 사람을 괴롭히고 힘들게 한다"라고 말했다. 또한 소시오패스 같은 자기애성 성격장애는 자기 자신을 지나치게 과장하고 주변에 과도한 숭배를 요구하며 타인에 대한 감정이입이 결핍된 특징을 보인다고 했다.

지킬 박사와 하이드 같은 소시오패스는 정상인 가면을 쓰고 사회에서 승승장구한다. 그들은 타인을 희생시키는 데 거리낌이 없기 때문이다. 그래서 사회적으로 성공한 소시오패스일수록 더욱 치료를 거부한다고 한다.

내가 존경했던 직장 상사가 임원이 된 후 이런 말을 한 적이 있다. "임원들의 정신을 검사하면 아마 다들 정신병 증세가 나올 거야."

자리가 사람을 만든다는 말이 있다. 사실 리더는 욕먹을 수밖에 없는 자리다. 대통령도 많은 욕을 먹는다. 과연 내가 그 자리에 있다면 욕을 안 먹을 수 있을까? 상사는 욕먹는 자리에 있는 완벽하지 않은 인간임을 잊어서는 안 된다. 하지만 백번 양보해서 이해하려고 해도 소시오패스, 또라이가 틀림없는 상사가 있다. 이들은 치료도 안 받고, 치료도 안 된다. 내 삶에 영향을 주지 못하도록 무시하는 수밖에 없다. 무시할 수 없다면 반면교사로 활용하자. 또라이보다 좋은 반면교사가 또 있을까.

30대 직장인 중 이미 상사가 된 사람도 있고 앞으로 상사가 될 사람도 있다. 나는 어떤 상사의 모습을 꿈꾸는가? 최소한 후배 꿈속에 악몽의 주인공으로 등장하는 일은 없었으면 좋겠다.

4 직장인 스트레스,
   이 정도일 줄이야

2017년 아내와 독일 여행을 다녀왔다. 그 후 아내가 임신을 하면서 독일은 신혼의 마지막 해외여행지가 되었다. 기회가 된다면 독일을 다시 방문하고 싶다.

우리 부부는 독일 유적지를 비롯한 분단과 통일, 홀로코스트 등 역사 현장을 둘러보았다. 여행 막바지에는 빅터 프랭클의《죽음의 수용소에서》배경이 되었던 다하우 수용소를 방문했다. 책에서 묘사했던 생생한 죽음의 현장을 본 후 수용소 안에 있는 예배당을 찾았다. 그곳에는 방명록이 있었는데 나는 참담한 심정으로 펜을 들었다. "도대체 삶이란 무엇인가?" 이 한 문장 외에 더는 적을 말이 없었다.

이 시대의 현자들이 인생 책으로 《죽음의 수용소에서》를 자주 언급한다. 다하우 수용소는 1933년 히틀러가 독일에 개설한 최초의 나치 강제수용소다. 다하우로 보내진 죄수는 처형되거나 생체 실험을 당했다. 다하우에 수용된 빅터 프랭클은 정신과 의사이자 심리학자답게 생사를 넘나드는 상황에서의 심리를 책에 세밀하게 묘사했다. 그런데 신기한 점은 분명 75년 전에 일어났던 수용소 수감자들의 이야기인데 묘하게도 현시대의 직장인 모습과 겹쳐진다는 것이다.

아무리 직장 생활이 힘들다고 해도 수감자로 비유하는 것은 무리가 아닐까? 이 책을 읽어보면 "무리가 아니다"라고 말하는 이유를 여러 군데에서 발견한다.

빅터 프랭클은 고통의 상대성을 강조한다. "인간의 고통은 기체의 이동과 비슷한 면이 있다. 일정한 양의 기체를 빈방에 들여보내면 그 방이 아무리 큰 방이라도 기체가 아주 고르게 방 전체를 완전히 채울 것이다. 이와 마찬가지로 인간의 고통도 그 고통이 크든 작든 상관없이 인간의 영혼과 의식을 완전하게 채운다. 따라서 고통의 '크기'는 완전히 상대적인 것이라고 말할 수 있다."

내가 걸린 감기가 남이 걸린 암보다 아픈 법이다. 자신의 고통이 세상에서 가장 크다고 착각하는 것은 인간 본성이다.

직장인도 수감자와 비슷한 형태의 정신적 스트레스를 겪으며 산다. 나는 동료들이 지방이나 해외 발령으로 가족과 갑작스레 이

별하는 경우를 심심찮게 보았다. 일하느라 워라밸이 무너진 선배의 아내가 우울증을 앓는 경우도 적지 않다. 직장 생활은 직장인에게 생계, 즉 '살아나갈 방도'를 뜻한다. 직장에서 인정받지 못한 사람은 생계를 잃는다. 자신을 평가하는 감시자에게 매일 끊임없이 생존을 위협받는다.

빅터 프랭클은 강제 노역을 시키는 감시자에게 용기를 내어 하소연하기도 했다. "만약 내가 당신으로부터 도로공사 일을 배운 시간만큼 짧은 시간 안에 당신이 나에게 뇌수술을 하는 방법을 배울 수 있다면 나는 당신을 존경하겠소." 수용소 안에서 벌어지는 일은 직장에서도 일어난다. '인수인계'와 '성과주의'가 그것이다.

직장에서 새로운 자리로 발령이 나면 한 주가 채 지나기도 전에 상사의 불호령이 떨어진다. "인수인계 하루면 끝나는 거 아니야? 당장 성과 어떻게 낼 거야?" 신규 점포를 오픈하면 "1년 안에 흑자로 전환해! 매주 진척도 보고하고!" 그렇게 말하는 상사는 정작 내 나이와 연차 때 하루 만에 인수인계로 모든 업무 파악을 끝내고, 1년 만에 신규 점포를 흑자로 전환했는지 몹시 궁금해진다.

무엇보다 공감이 갔던 《죽음의 수용소에서》의 내용은 잠에서 깨어나는 순간에 대한 묘사였다. 빅터 프랭클은 수용소 생활 중 가장 끔찍한 순간이 기상 시간이었다며 병에 걸려 강제 노역에 끌려가지 않을 때 행복했다고 고백했다. 직장인에게 기상 시간은 번뇌와 갈등의 연속이다. '아, 십 분만 더 잘까?', '오늘 아프다고 할까? 진짜 가기 싫다.' 이 정도는 초기 증세다. 심해지면 '가벼운 교통사고라도 나서 며칠 푹 쉬고 싶다'라는 미친 생각에 도달한다.

얼마 전 라디오에서 한 사연을 들었다. 어느 40대 남자가 자신은 주말을 보낼 때 출근하는 월요일이 너무 기다려지고 설렌다고 했다. 일에 대한 사명감이 투철한 훌륭한 직장인 앞에 나는 부끄러운 존재가 되어 있었다. 하지만 곧 안도했다. 그는 출근을 기다리는 이유가 아이 넷의 아빠이기 때문이라고 밝혔다.

직장인은 수감자와 비슷한 정신적 스트레스에 노출되어 있다. 물론 직장은 수용소가 아니다. 생계뿐만 아니라 자아실현을 돕는 인생의 배움터가 직장이다. 하지만 수감자와 비슷한 스트레스에 노출된 직장인이라면 빅터 프랭클의 증언에 주목해야 한다.

"인간에 대한 구원은 사랑을 통해서, 그리고 사랑 안에서 실현된다. 그때 나는 이 세상에 남길 것이 하나도 없는 사람이라도 사랑하는 사람을 생각하며 여전히 더 말할 나위 없는 행복을 느낄 수 있다는 것을 알게 되었다."

그는 생사를 넘나드는 극한의 고통과 싸워 승리했다. 진주가 빛나는 이유는 조개가 오랜 시간 반복되는 고통에 몸부림친 결정체이기 때문이다. 빅터 프랭클이 마침내 토해낸 진주는 바로 '사랑'이었다.

수용소 생존자들은 해방이 되면 새로운 미래를 맞이하는 기대로 현실을 극복했다. 한 사람은 가족을 만나기를, 다른 사람은 미처 이루지 못한 꿈을 성취하기를 바랐다. 어둠 속에서 빛에 대한 간절함이 커지듯 절망은 희망을 절절히 사랑하도록 돕는다. '현재의 절망'이 사랑의 필터를 통과하면 '미래의 기대'로 승화된다. 빅터 프랭클은 수용소에 갇혀 있지 않았다. 수용소가 그에게 갇혀 있었다.

나는 노트북 배경 화면을 가족사진으로 해놓았다. 직장 생활에 지치고 일이 잘 풀리지 않아 낙심할 때면 나를 바라보는 가족의 따뜻한 시선을 보며 힘을 얻는다. 빅터 프랭클은 극한 상황 속에서도 고통이 결코 사랑을 이길 수 없다는 것을 몸소 증명했다. 직장에서 누군가에게 상처받고 스스로 시련에 빠지더라도 사랑의 힘은 그 모든 고통을 이기고도 남는다. 고통은 나를 직장에 가두지만, 사랑은 직장을 나에게 가둔다.

많은 직장인이 "비전이 없다", "롤 모델이 없다"라고 말한다. 왜일까? 미래에 대한 기대를 회사에 걸기 때문이다. 우리는 사랑으로 가득한 미래에 기대를 걸어야 한다. 현실에 파묻혀 푸념만 늘어놓아서는 계속 암흑 속에 갇힐 뿐이다. 눈에 보이는 것만 좇느라 잊었던 마음속 촛불을 켜보면 어떨까? 사랑의 촛불을 밝히며 인생을 걸어간다면 그 불빛은 기대했던 미래로 나를 인도하지 않을까.

5 라떼를
조심하라

하루라도 마시지 않으면 입안에 가시가 돋을 것처럼 직장인은 커피를 입에 달고 산다. 나는 시럽을 넣지 않은 아메리카노를 즐긴다. 좋은 약은 입에 쓰다고 시큼쌉쌀한 커피를 마시면 몸에 죄를 덜 짓는 기분이 든다. 가끔은 카페라테가 당길 때도 있지만.

이탈리아어로 카페는 커피를, 라테는 우유를 의미한다. 유럽의 카푸치노를 미국식으로 변형하여 우유 양을 늘린 것이 카페라테다. 우유가 들어가 쓴맛이 덜하고 부드럽다. 어른을 위한 커피 우유라고 해야 할까. 특히 마음이 쓰려 부드러운 위로가 필요할 때 나는 카페라테를 찾는다.

그런데 내가 라테를 좋아할수록 후배는 나를 싫어할 수 있다는 걸 명심해야 한다. 최근 취업 사이트 사람인이 직장인을 대상으로 '젊은 꼰대'를 조사했다. 직장인 10명 중 7명은 직장 내 20, 30대 젊은 꼰대가 있다고 생각하는 것으로 나타났다. 젊은 꼰대의 유형으로는 자신의 경험이 전부인 양 충고하며 가르치려는 유형을 비롯해 '답정녀' 유형, 선배가 시키면 해야 한다는 '상명하복' 유형 등이 있었다. 그중 가장 눈에 띄는 것은 '라떼는(나 때는) 말이야'로 시작해 자신의 경험담을 늘어놓는 유형이었다. 직장인에게 라테는 공포의 대상이 되었다. 라테는 입으로 들어가는 음료지 귀로 들어가는 소음이 아니다.

놀라운 것은 조사자 중 스스로 꼰대라고 생각하는 사람이 10명 중 2명에 그쳤다는 사실이다. 혹시 나도 젊은 꼰대가 아닐까? 《90년생이 온다》에서 소개한 '신 직장인 꼰대 체크 리스트'로 자가 진단을 해보았다. 스물세 개 중 대표로 열두 개 항목을 소개한다.

1. 회사에서의 점심시간은 공적인 시간이다. 싫어도 팀원들과 함께해야 한다.
2. 윗사람의 말에는 무조건 따르는 것이 회사 생활의 지혜이다.
3. 처음 만나는 사람에게 먼저 나이나 학번을 물어보고 이야기를 풀어나가야 속이 편하다.
4. 정시 퇴근 제도는 좋은 복지 혜택이다.
5. 휴가를 다 쓰는 것은 눈치가 보이는 일이다.

6. 나보다 늦게 출근하는 후배 사원이 거슬린다.

7. 회식 때 후배가 수저를 알아서 세팅하지 않거나, 눈앞의 고기를 굽지 않는 모습에 화가 난다.

8. '내가 왕년에', '내가 너였을 때'와 같은 말을 자주 사용한다.

9. '어린 녀석이 뭘 알아?'라는 생각을 해본 적이 있다.

10. 자유롭게 의견을 얘기하라고 해놓고 내가 먼저 답을 제시한다.

11. 회사 생활뿐만 아니라, 연애사와 자녀 계획 같은 사생활의 영역도 인생 선배로서 답을 제시할 수 있다고 믿는다.

12. 내 의견에 반대한 후배에게 화가 난다.

꼰대가 되지 않는 것이 수능 만점보다 더 어려운 일이었다니! 임홍택 작가는 일간지와의 인터뷰에서 "내 책에 스물세 개 항목의 '꼰대 테스트'가 있는데, 이 중 하나만 해당해도 꼰대라고 적었더니 사람들이 화를 내더라. 내 말은 누구나 언제든 꼰대가 될 수 있지만 '개꼰대'가 되진 말자는 거였다"라고 말했다. 설명에 의하면 개꼰대란 앞과 뒤가 다르고, 이를 지적하면 "그래, 나 꼰대다. 어쩔래!"라며 귀 막는 사람이다.

국어사전에서 꼰대는 '늙은이나 선생님을 비하하는 은어'라고 정의한다. 꼰대 어원에는 두 가지 주장이 있다. 하나는 영남 지방 사투리 꼰데기가 번데기를 뜻하는 말인데, 주름이 많은 늙은이라는 의미에서 꼰데기로 부르다 꼰대가 되었다는 것이다. 또 하나는 프랑스어로 백작을 콩트Comte라고 하는데 일제강점기 때 귀족 작위를 받은 친일파를 일본식 발음으로 꼰대라고 불렀다는 설이다.

꼰대는 이제 해외로도 진출했다. 작년 영국 BBC방송은 '오늘의 단어'로 'Kkondae(꼰대)'를 소개하며, 자신이 항상 옳다고 믿으며 다른 사람은 늘 잘못되었다고 여기는 나이 많은 사람이라고 설명했다. '안티꼰대'는 우리나라를 넘어 국제적으로 퍼지고 있다.

"OK, boomer!"는 최근 영미권 젊은이의 인기 유행어다. 2019년 11월 뉴질랜드의 25세 국회의원도 기성 정치인을 비판하며 "OK, boomer!"를 외쳤다. 소셜 미디어상에서 퍼져가던 유행어가 뉴질랜드의 젊은 국회의원에 의해 정치판에 등장하며 큰 반향을 일으켰다. 'Boomer'는 1960년대 전후 베이비부머 세대를 가리킨 것으로, 기성세대의 잔소리와 참견에 반하며 '알았으니 이제 그만 해'라는 뜻이다.

EBS 역대급 캐릭터가 연상된다. 혜성처럼 등장해 2030 직장인 대통령으로 등극한 직통령 '펭수'는 초통령 뽀로로의 아성을 위협하고 있다. 1년 만에 유튜브 구독자 수 200만 명을 돌파한 펭수의 인기 비결을 뭐라 딱히 정의하기는 힘들다. 하지만 펭수가 던지는 멘트에는 "OK, boomer!"와 상통하는 '사이다'가 분명히 있다.

펭수는 "내가 힘든데 힘내라고 하면 힘이 납니까? 아니죠. 그쵸? 그러니까 '힘내'라는 말보다 저는 '사랑해'라고 말해주고 싶습니다. 여러분 사랑합니다"라고 말한다. "아프니까 청춘이다"라고 말하는 꼰대를 움찔하게 만들며 뼈 때리는 일침을 가한다. 또한 "공부에 지쳐 힘들었는데 펭수를 보면서 행복해졌지만 공부가 소홀해져 걱정이에요"라는 고민 상담에 펭수는 "이건 고민이 아닌데요. 행복해졌다면서요? 공부하는 것보다 행복해지는 게 중요한 겁니다"라고 답변한다. 기성세대가 만들어놓은 프레임을 깨부수는 열 살짜리 펭귄의 매력에 2030 '어른이'들이 빠져들고 있다.

정신과 전문의 정우열은 펭수의 인기 비결을 늘 어른스러운 모범을 제시해야 할 것 같은 교육 방송에서 어른의 억눌린 마음이 완전히 겉으로 드러난 캐릭터를 선보인 것이라고 분석했다. 또한, 어른이 된 지 얼마 안 된 20, 30대는 사회적으로 기대되는 어른다움, 그것과 반대되는 아이 같은 마음 사이에서 갈등이 참 많기에 열광하는 것이라고 말했다.

얼마 전 펭수 마니아인 20대 중반의 처제와 대화를 나누다 알게 된 사실이 있다. 한참 꼰대라는 주제로 대화를 나눈 끝에 몇 가지 결론을 내렸다.

1. 후배들이 먼저 묻기 전에는 미리 가르쳐 주려고 하지 말 것(오지랖 금지).

2. 가르쳐 주더라도 최대한 핵심만 간결하게 말할 것(2절로 넘어가는 TMI 금지).

3. 입은 닫고 지갑은 열기(라떼는 말하는 것이 아닌 사주는 것).

4. 꼰대가 되는 것을 피할 수 없다면 할 말은 하되, 착한 꼰대가 될 것(개꼰대만 되지 말자).

안티꼰대는 페미니즘과 함께 사회 전반에 깊이 뿌리내린 권위주의를 향한 저항이자 차별에 대한 혁명이다. 세계적인 시대정신이 된 것이다. 동시에 디지털 원주민 90년대생들은 아날로그에 거부감을 표출한다. 우리가 좌우로 넘기며 글자 많은 만화책을 보았다면, 그들은 상하로 스크롤하며 글자가 거의 없는 웹툰을 본다. 영상도 건너뛰기를 통해 필요한 부분만 취하고 짤을 보면서 핵심만 파악한다.

그런데 사람과의 대화에서는 자체 편집이 안 된다. 그러니 젊은 후배들은 1절도 지루한데 2절까지 "라떼는~"이라며 TMI를 대방출하는 선배와의 대화가 탐탁지 않을 수밖에. 그들이 비대면으로 메신저 소통을 선호하는 게 어쩌면 당연해 보인다.

사실 30대라고 뭐가 다를까. 우리도 선배가 일장 연설을 늘어놓으면 밀려 나오는 하품을 목구멍으로 다시 밀어 넣으려고 안면 근육과 사투를 벌이지 않는가. 성경에는 "내가 대접받고자 하는 대로 남을 대접하라"라는 말이 있다. 내가 선배에게 대접받고 싶은 대로 나도 후배에게 대접하는 지혜가 필요하다. 인내심을 가지고 권한과 책임을 나누며 수평적인 동료로서 느슨한 유대를 가져보면 어떨까? 라테처럼 부드럽게 소통하는 선배를 싫어할 후배는 없을 테니까.

6 직장 생활,
버틴다고 의미가 있을까?

       직장에서 홀수 해마다 위기가 온다는 말이 있다. 직장 생활을 한 지 1년, 3년, 5년, … 등 홀수 해가 될 때 '계속 이 회사에 다니는 게 맞나?'라는 회의가 든다는 것이다. 선배에게 이 말을 들었을 때 안도감이 들었다. '나만 그런 생각을 하는 게 아니었구나.'

       회사는 영리하다. 직원들이 홀수 해의 구렁텅이에 빠지지 않도록 때마다 승진이라는 마법을 만들어놓았으니. 나에게 심각하게 퇴사를 고민하며 상담하던 후배가 승진 후 언제 그랬냐는 듯 돌변하는 모습을 보았다. 나 역시 다르지 않았다. 직장인에게 승진만큼 확실한 당근도 없다. 물론 승진을 빌미로 상사에게 채찍질당하는 긴 시간을 견뎌내야 하지만.

돌아보면 위기의 홀수 해에 오히려 기회가 찾아왔던 것 같다. 위기는 '위험한 기회'라고 하지 않는가. 회사 부속품처럼 느껴지며 지쳐 있던 어느 홀수 해에 엄청난 과업이 떨어졌다. 당시 바이어였던 나는 국내 최정상 업체 H와 협상해야 했다. 실력 있는 선배들도 꺼리는 거대한 골리앗 앞에 선 나는 꼬마 다윗 같았다. 포기하고 싶었다.

글로벌 컨설팅 기업 타워스 왓슨의 조사에 따르면, 우리나라 직장인 10명 중 8명이 업무에 몰입하지 못하는 것으로 드러났다. 개인과 회사 모두 손실이 심각하다. 그렇다면 우리는 어떻게 업무 몰입도를 올릴 수 있을까?《열정과 몰입의 방법》을 저술한 케네스 토마스 교수는 네 가지 조건을 제시했다. 첫째 일의 의미를 알게 될 때, 둘째 주어진 업무에서 자율권이 있다고 느낄 때, 셋째 업무를 해낼 역량이 있다고 느낄 때, 넷째 지금 하는 일을 통해 성장한다는 생각이 들 때 업무에 열정적으로 몰입할 수 있다고 밝혔다.

돌아보니 그때 나는 일의 의미가 무엇인지 몰랐고 업무 권한이 없어 답답해했다. 또한, 나의 역량에 대한 자신감이 부족했고 반복되는 일 속에서 성장한다고 느끼지 못했다. 그런데 막상 과업을 포기하고 직장을 그만두려고 생각하니 젊음을 바쳐 열정적으로 일했던 지난 세월이 너무 아까웠다. 그래서 스스로 타협점을 찾았다. 주어진 과업을 직장 생활의 마지막 작품으로 멋있게 완성한 후 떠나기로 마음먹었다.

배수의 진을 치니 오기 같은 것이 생겨났다. 나의 의지를 상사에게 보여주자 상사는 "매일 그 업체로 출근해도 되니까 모든 방법을 동원해서 반드시 해내기만 해라"라며 독려했다. 다른 방법이 없었다. 업체 H에 단 하루도 빼먹지 않고 매일 찾아갔다. H 관계자는 한두 번 알아듣게 거절했는데 계속 성가시게 구는 내가 눈엣가시였을 것이다. 그는 "회의가 있다", "출장이다", "바쁘다" 등 핑계를 대며 피했다. 거기에 굴하지 않고 H 주차장에서 만나줄 때까지 기다리고, 지방 출장까지 따라가며 매일 얼굴을 비추었다. 그래도 안 만나줄 때는 그에게 필요한 업계 정보를 모아 전달해 주기도 했다.

그렇게 한 달이 지나자 그는 열정에 반했다며 조금씩 마음을 열었다. 개인사까지 나눌 정도로 가까워지자 내부 핵심 정보를 오픈했다. H 대표가 중국 진출을 고민하고 있는데 적절한 파트너를 찾는다는 것이었다. 나는 바로 중국에서의 회사 성과와 파트너사로서의 매력을 강조한 협상 자료를 준비했다.

회사 창립 이래 최초로 H 본부장이 전략기획실장과 함께 우리 회사로 먼저 찾아와 제휴를 요청했다. 경영자 간의 상호 완고한 의견 차이를 좁히지 못해 결국 협상은 결렬되었지만, 회사 위상이 한층 높아진 계기가 되었다. 결과는 실패였지만, 나는 부서의 모든 동료에게 박수를 받았다. 그리고 다시 힘을 내어 직장 생활을 했다.

월간지에 나왔던 스릴러 영화의 거장 알프레도 히치콕 이야기가 떠올랐다. 히치콕은 어릴 때부터 영화감독이 꿈이었지만 가족 생계를 책임져야 했고 대학 졸업 후 바로 한 제조업체에 취직했다. 7년 동안 직장 생활을 하며 낮에는 회사 일에, 밤에는 영화 공부에 열중했다. 그는 보수가 적더라도 다양한 일을 많이 하고 싶어 했다. 다들 꺼리며 안 가는 거래처도 적극적으로 찾아갔다.

훗날 그는 영화감독이 되어 지난 직장 생활을 이렇게 회고했다. "무언가를 열심히 하는 습관을 들이면 그것은 분야를 떠나 통한다. 직장 생활을 하면서도 나는 꼼꼼하게 일했고, 그것이 영화 습작에 큰 도움이 되었다. 거래처에서 만난 모든 인물에서 영화 속 캐릭터를 빌려왔다. 내 습작은 전선 케이블 판매에서 시작되었다." 그는 이미 직장 생활에서 작품을 만들고 있었다. 직장은 꿈을 펼치는 무대였다. 히치콕에 견줄 수는 없으나 나 또한 직장 생활을 통해 나만의 작은 작품을 만들어간다.

'삼초땡', '삼팔선'이라는 말이 30대 직장인을 위협한다. 30대 초반에도 명예퇴직을 피할 수 없으며, 38세가 구조 조정의 경계가 되기도 한다. 이제는 인생 이모작을 위해 30대에 모판을 가꾸고 모내기하는 시대다.

최근 퇴준생이 꾸준히 늘며 새롭게 '퇴사 문화'가 형성되었다. 시대를 반영하듯 '퇴사학교'라는 곳도 생겨났다. 퇴사학교 장수한 대표는 일간지와의 인터뷰에서 "제가 아직 배울 게 많이 있는 회사를 더 잘 다니면서 미래를 준비해야겠어요"라고 말한 수강생이 가장 기억에 남는다고 했다. 이어 퇴준생에게 "퇴사하면 개고생이니 학창시절 학교에 다녔던 것처럼 회사 역시 잘 다니면서 행복한 인생을 살 수 있는 밑천을 만들어나가기 바란다"라고 강조했다.

직장인의 꿈이 퇴사라지만 준비 없는 퇴사는 흉몽에 불과하다. 전쟁터 같은 직장을 벗어나면 지옥 같은 현실이 기다리기 때문이다. 지금 직장에서 적은 연봉, 피곤한 대인관계, 과중한 업무 등으로 고민하며 퇴사를 생각하는가? 상사에게 무시당하고 동료에게 인정받지 못하는 자존심 때문에 퇴사를 고민하는가? 그 전에 점검해야 할 것이 있다. 나 자신에게 '직장 생활에서 스스로 부끄럽지 않은 작품을 남겼는가'라고 물었을 때 딱히 떠오르는 것이 없다면 퇴사는 잠시 보류해야 한다.

이직을 생각해도 이력서에 적을 만한 나만의 이야기가 없다면 면접관은 주목하지 않는다. 창업을 고민해도 직장 생활로 탄탄하게 다져놓은 나만의 전략이 없다면 고객은 감동하지 않는다. 반짝 스타는 금방 밑천이 드러나기 마련이다. 하지만 오랜 무명 시절을 견뎌낸 스타는 꾸준히 인기를 누린다. 어려움을 통해 겸손과 초심을 배우며 내공을 쌓았기 때문이다.

직장에서도 마찬가지다. 누구에게나 쉽고 편한 직장 생활에서는 건져낼 나만의 작품이 미미하다. 어려운 환경일수록 극복했을 때 더욱 빛나는 나만의 작품이 완성된다. 퇴사에 뜻이 없는 직장인도 언젠가는 정년을 맞이한다.

최고의 퇴사 준비는 현재 직장 생활에 최선을 다하는 것이다. 회사는 인생 학교다. 언젠가 졸업해야 하는 회사의 한정된 시간 속에서 자신에게 부끄럽지 않은 작품을 남기기 위해 몰입해야 한다. 그때 비로소 회사는 무대가 되고 마침내 빛나는 졸업장을 안겨 준다. 나는 회사라는 무대 위에서 마음껏 춤추고 싶다.

7 내 나이가 어때서,
일하기 딱 좋은 나인데

2015년 개봉한 영화 〈인턴〉에는 주인공 벤과 줄스가 등장한다. 벤은 은퇴 전에 전화번호부를 만드는 회사의 부사장까지 지냈었다. 하지만 시대 흐름에 따라가지 못한 회사는 결국 문을 닫고 그 자리에 성공한 스타트업 회사가 들어선다. 한국의 '스타일난다', '난닝구' 등을 연상시키는 서른 살 CEO 줄스의 회사에 시니어 인턴으로 일흔 살 벤이 입사한다.

이 영화처럼 나이 어린 상사와 나이 많은 부하가 등장하는 드라마가 있다. 〈더 오피스〉는 한 종이 회사의 에피소드를 담아낸 미국의 인기 드라마다. 지점장 스캇은 나이가 많은 부하직원 브랜튼과 같이 일한다. 스캇은 시도 때도 없이 직원을 모아 회의를 연다.

브랜튼은 존재감을 드러내지 않으려는 듯 가장 모퉁이에 앉는다.

이런 사례는 현실에서도 볼 수 있다. 회사에서 30대 리더가 세워지고 있다. 30대 직장인으로서 젊은 나이에 더 크고 새로운 기회를 얻는다는 점은 분명 매력적이다. 그런데 나도 곧 마흔이 된다고 생각하면 상황이 달라진다. 회사에서 30대 지점장 비율이 점점 높아지고 있다. 그래서 30대 지점장 밑에 팀장은 40, 50대인 경우가 많다.

바이어로 근무하며 내가 항상 만난 대상은 40, 50대 협력 업체 임직원이었다. 젊은 바이어로서 말투와 행동 하나하나가 협력 업체에게 갑질로 오해되지 않도록 늘 많은 신경을 써야 했다. 일은 나이로 하는 게 아니지만, 대한민국에서 어찌 나이를 무시하겠는가.

직장에서 최고 스펙은 어쩌면 젊은 나이가 아닐까? 오랜 시간 성실하게 일한 선배들의 공로가 아니었으면 회사 성장도 없었다. 그러나 회사에서는 나이 드는 게 마치 죄를 짓는 듯한 묘한 분위기가 감돈다. 나이 많은 선배일수록 브랜튼처럼 눈에 띄지 않는 자리를 찾아 숨는다. 도대체 왜 그럴까?

2017년 12월 H사 창립 이래 최초의 노동조합이 생긴 사건이 있었다. 노조는 "합병 과정에서 인사이동과 조직 개편이 있었고 사측은 광범위한 권고사직과 해고를 남발했다"라며 "A 씨가 권고사직을 거부하자 업무에서 배제하고 강제 부서 이동으로 망신을 주는 것과 동시에 A 씨보다 나이 어린 상사를 통한 괴롭힘으로 사직을 압박했다"라고 기자회견에서 주장했다.

성과 사회에서는 생산성에 가장 중요한 가치를 둔다. 직원은 생산성, 즉 회사에 수익을 얼마나 벌어다 주는가로 평가받는다. 고객은 상품에 가성비를 따지지만, 회사는 직원에게 가성비를 따진다. 회사는 적은 연봉으로 많은 일을 시킬 수 있는 생체 에너지가 높은 직원을 취사선택한다.

결국, 젊은 직원을 선호할 수밖에 없는 구조다. 회사는 나이 든 직원을 두고 생산성과 창의성이 떨어지는데 굳이 높은 연봉을 주지 않아도 된다며 계산기를 두드린다. 회사가 전면에 나서지 않고도 고연봉의 저성과자를 처리하는 방법은 간단하다. 나이 어린 상사 밑에 두어 수치심을 느끼게 하는 것이다. '우리는 다양한 기회를 제공하는 젊은 회사다'라는 그럴싸한 슬로건과 함께.

사정이 이렇다 보니 나이 든 선배들은 조금이라도 젊어 보이려고 애쓴다. 특히 안 어울리는 헤어스타일과 스키니진을 비롯해 알 없는 안경과 가발까지, 참 안쓰럽다. 몇 년 전에 함께 근무했던 40대 후반의 진짜 멋진 선배가 있었다. 능력과 인품은 물론 헬스로 다져진 몸에 30대 못지않은 체력까지. 그런 선배를 더욱 빛나게 했던 건 웃을 때 눈가에 잡히는 주름이었다. 영화배우 조지 클루니는 불혹을 한참 넘긴 나이에도 여전히 할리우드 최고 '섹시 미남'으로 통한다. 매력적인 눈가 주름 덕분이다. 선배 덕분에 나는 주름은 숨길 것이 아니라 당당히 드러내는 아름다움이라는 것을 배웠다.

다시 영화 〈인턴〉 이야기로 돌아오면 시니어 인턴 벤은 입사 첫날 CEO 줄스와 면담한다. 줄스는 벤에게 별로 기대할 게 없기에 자신의 인턴이 아닌 다른 팀에서 일할 것을 제안한다. 그러자 벤은 정중하게 답변한다. "저는 누구와도 잘 어울립니다. 그리고 여기 당신의 세계를 배우고 제가 줄 수 있는 도움을 주기 위해 왔습니다. 다른 팀으로는 안 가도 될 것 같습니다." 그렇게 둘은 함께 일하고, 시간이 지날수록 줄스는 벤의 연륜에서 나오는 지혜를 배워간다.

연륜은 본래 나이테를 가리키는 말이다. '연륜이 쌓인다'는 말은 나이테가 한 줄씩 쌓이는 것처럼 세상의 경험과 지혜도 함께 축적된다는 뜻이다. 나이가 들수록 경험과 지혜가 풍부해지는 것이다. 그런데 성과 사회는 나이가 들면 퇴물로 치부하고 배제하려고 한다. 이러한 세태에 벤은 일침을 가한다. "음악가들은 은퇴하지 않는다는 말을 들은 적이 있습니다. 그들은 그들 안에 음악이 없을 때 멈춰요. 저는 제 안에 아직 음악이 있다고 장담합니다."

회사가 존속한다는 것은 수많은 직원의 땀과 눈물이 회사의 자양분이 되어왔음을 뜻한다. 회사와 함께 많은 시간을 보내며 나이가 든 직원을 토사구팽 해서야 되겠는가. 연륜은 절대적인 시간이 축적되어야만 얻는 귀한 자산이다. 겨우 숫자에 불과한 연봉 몇 푼으로, 나이 몇 살로 감히 평가할 수 있는 성질의 것이 아니다. 벤처럼 나이가 들어도 젊은 사람과 유연하게 어울리고 연륜의 지혜를 나누는 사람들이 있다. 그들에게서는 가성비로 측정할 수 없는 가치를 분명하게 얻는다.

고대 로마의 정치가 키케로는 〈노년에 대하여〉에서 인생의 특징을 이렇게 설명했다. "인생과 자연의 길은 하나뿐이며, 그 길은 한 번만 가게 되어 있네. 그리고 인생의 매 단계에는 고유한 특징이 있네. 소년은 허약하고, 청년은 저돌적이고, 장년은 위엄이 있으며, 노년은 원숙한데 이런 자질들은 제철이 되어야만 거두어들일 수 있는 자연의 결실과도 같은 것이지."

그 말처럼 인생은 자연의 결실과도 같다. 때에 따라 점점 익어가는 열매가 있고 썩어가는 열매가 있다. 사람도 마찬가지다. 시간이 갈수록 숙성되는 어른이 있는 반면, 부패되는 늙은이도 있다.

프랑스 소설가 앙드레 지드는 늙기는 쉬워도 아름답게 늙기는 어려운 법이라고 말했다. 늙으면 경계해야 할 세 가지가 있는데 '노욕(늙은이 욕심)', '노추(늙고 추함)', '노망(늙어서 망령이 듦)'이다. 굳이 말하지 않아도 알만한 기업의 총수들이 노욕, 노추, 노망의 3종 세트를 다 갖춘 경우를 볼 수 있다. 그런 총수가 있는 기업의 미래는 뻔하다. 보고 배운 게 도둑질이라고 후계자들도 나쁜 모습을 그대로 답습할 가능성이 크다. 반면교사로 삼는다면 천만다행이 겠지만.

연륜의 지혜가 가득한 벤처럼, 웃을 때 눈가 주름이 멋진 회사 선배처럼 나이 듦에서 아름다운 향기가 나는 사람이고 싶다. 나이 40이면 자기 얼굴에 책임을 져야 한다는 말이 있다. 나도 지금부터 따뜻한 미소로 채워가는 30대를 보낸다면 멋진 눈가 주름을 가진 40대를 맞이하지 않을까.

8 휴직을 한다고?
여봐라, 작두를 대령하라

20대까지 나는 쉬지 않고 질주하는 경주마 같았다. '반수는 있어도 재수는 없다'는 어머니의 뜻에 따라 현역으로 대학생이 되었다. 휴학 없이 대학 졸업 후 바로 입대했다. 전역과 동시에 정말 운 좋게 취업했다. 그렇게 쉬지 않고 사회로 진출했다. 군인의 물이 빠지기도 전에 회사원이 된 나는 군인 정신으로 무장한 민간인으로서 열심히 직장 생활을 했다.

서른한 살의 마지막 달에 어머니가 갑작스레 돌아가셨다. 액셀만 있던 내 인생에 어머니의 죽음은 브레이크가 되었다. 내가 무엇을 위해 쉼 없이 살아왔는지 그제야 멈춰 서서 생각했다. 그리고 앞으로 무엇을 위해 어떻게 살아야 할지 절절히 고민했다. 먼저 인생에

쉼이 필요하다는 것을 깨달았다.

유럽에는 진로 탐색을 위해 유예 기간을 두는 제도가 있다. 대표적으로 영국의 갭이어gap year가 있다. 대학교 진학 전 진로를 찾기 위해 한 해를 쉬면서 보내는 제도다. 이때 많은 예비 대학생이 봉사, 여행, 인턴, 창업 등 다양한 경험을 통해 자신의 진로를 모색한다. 영국의 배우 엠마 왓슨과 해리 왕자도 갭이어를 보냈다.

나는 이미 30대지만 나만의 방식으로 '직장 속 갭이어'를 갖기로 했다. 점심시간을 활용해 멘토가 되어줄 만한 사람을 찾아가 함께 식사하며 상담했다. 몇 달 후 책 추천과 함께 본인의 경험을 바탕으로 코칭해 주는 멘토를 찾았다. 그는 내가 좋아하는 것과 잘하는 것을 먼저 알아야 한다고 조언했다. 그 방법으로 지인 30명에게 메일을 보내 나의 강점이 무엇인지, 그 강점이 잘 발휘되었던 때가 있었는지 물어보라고 했다.

30명에게 답장을 받고 나니 나 자신이 낯설었다. 잘 몰랐던 나의 모습을 지인들이 일깨워 주었기 때문이다. "진심으로 함께 아파하고 격려하며 말과 글로써 사람의 마음을 움직인다"라는 피드백에 신선한 충격을 받았다. 공대 출신에 유통 영업 관리자였던 나에게 이런 능력이 있는지 전혀 몰랐었다. 글로 누군가의 마음을 움직일 수 있는 사람이라는 말을 들으니 마음이 꿈틀거렸다. '혹시 작가가 되면 어떨까? 에이, 말도 안 돼. 내가 무슨 작가야.' 당시에는 그렇게 생각하고 넘어갔다.

그해에 나는 아내를 교회에서 만났다. 그리고 다음 해에 결혼했다. 깨가 쏟아지는 신혼 생활을 하며 종종 여행도 갔다. 항상 짧게 다녀오는 여행이 아쉽기만 했다. 우리 부부는 '해외에서 한 달 살기'를 버킷 리스트에 적었다. 직장 생활에서 한 달의 덩어리 시간을 내는 일은 거의 불가능하다는 것을 잘 알았지만.

결혼 2주년을 앞둔 어느 날, 찬바람이 불자 심근경색 증세가 있었던 아버지의 건강 상태가 갑자기 악화되었다. 아버지는 심혈관 이식 수술을 받아야 했다. 직장인에게 휴직은 인사고과와 맞바꿔야 하는 큰 결단을 요구한다. 가장으로서 결코 쉬운 결정은 아니었지만, 고심 끝에 나는 회사에 휴직을 신청했다. 다행히 3개월 '가족 돌봄 휴직'을 할 수 있었다. 물론 나는 상위권의 실적을 냈음에도 처음 받아보는 최악의 연말 평가를 감수해야 했다. 하지만 그게 무슨 의미가 있겠는가. 어머니가 떠나며 나에게 가르쳐준 인생의 가장 우선순위는 가족이었다.

휴직의 중심에서 갭이어를 외쳤던 3개월은 인생의 화수분이 되었다. 아버지의 수술 날짜까지는 한 달이 남아 있었다. 휴직 첫 달은 그동안 갭이어를 통해 세운 가설을 확인하려고 진로 상담을 받았다. 아버지를 돌보며 틈틈이 전문가와 상담을 거듭할수록 말과 글로 소통하는 일을 하고 싶다는 생각이 들었다. 스쳐 지나갔던 작가의 꿈에 대해서도 다시 생각해 보았다.

아버지 수술 후 한 달간은 병간호에 집중했다. 난생처음 아버지의 대변을 직접 받기도 하고 좁은 간병인 침대에서 새우잠을 자면서 쉽지 않은 시간을 보냈다. 무엇보다 아버지가 입원했던 병원은 어머니의 장례를 치루었던 곳이라 만감이 교차하기도 했다. 심신이 힘들었지만, 아버지와 온종일 가슴속 깊이 묻어두었던 이야기를 나눈 소중한 시간이었다.

정말 감사하게도 아버지의 병세가 빠르게 호전되면서 휴직 중 한 달의 덩어리 시간이 남았다. 그래서 마지막 한 달은 아내와 독일에서 뜻깊은 시간을 보냈다. 독일 현지인의 집에서 숙박하며 그 나라의 생활 방식을 체험했다. 독일에서 유적지와 관광지를 둘러본 후 렌터카로 주변국 벨기에, 프랑스, 룩셈부르크를 방문했다.

한인 교회에서 알게 된 A 씨의 독일 집에도 방문해 이민자의 삶을 엿보기도 했다. 놀라웠던 점은 A 씨 아들이 주일인데도 과외를 받으러 집을 나서는 모습이었다. A 씨에게 독일에서도 사교육을 시키냐고 묻자 놀라운 답변이 돌아왔다. "오히려 독일은 바로 취업하는 애들, 대학 가는 애들이 뚜렷하게 나뉘다 보니 공부하는 애들은 한국보다 더 치열하게 경쟁해. 독일이라고 왜 사교육이 없겠어?"

독일에서 환경보다 더 중요한 것은 가치관임을 느꼈다. 한국에서도 욕심을 내려놓을 용기만 있다면 상당히 가치 있는 삶을 살 수 있겠다고 생각했다. 우리 부부는 말도 잘 통하지 않는 낯선 땅에서 둘이 함께 버킷 리스트를 해냈다는 성취감과 자신감을 얻었다. 그리하여 독일에서 인상 깊었던 전원주택의 삶을 한국에서도 살아보기로 용기를 냈다. 구하는 자에게 길이 있다고 했던가. 정말 운 좋게 저렴한 급전세로, 도시 근교의 전원주택을 얻었다. 텃밭을 가꾸며 나만의 '리틀 포레스트'도 만들었다. 자연과 가까워진 삶을 통해 조금씩 여유를 찾았다.

우리 부부가 독일에서 한 달간 살면서 배운 것은 이렇다.

1. 완벽한 인간 세상은 없다.
- 소중한 일상에 감사하게 되었다. 신토불이가 최고다.
- 가장 당연하다고 생각하는 것이 가장 감사한 것이다.
- 결국 사람이 사는 곳은 다 비슷하다. 특별할 것 같지만 딱히 특별할 건 없다.

2. 가치관이 환경을 이긴다.
- 부부가 어떤 신념과 가치관으로 살아가느냐가 삶을 결정짓는다.
- 한국에서 선진국의 삶을 사는 게 불가능하지는 않다(단, 용기는 필요).
- 한국은 치열하기에 더욱 충실한 삶을 살 수 있다.

학교에 휴학이라는 제도가 있듯 직장에는 휴직이라는 제도가 있다. 물론 직장에서 휴직은 휴학처럼 자유롭게 사용할 수는 없다. 학교는 돈을 내는 곳이고 직장은 돈을 받는 곳이니까. 하지만 휴직은 분명 직장인이 사용하도록 마련한 제도다. 그럼에도 직장인은 휴직이 피치 못할 사정이 있을 때까지 미뤄야 하는 필요악이라고 생각한다. 그래서 직장에 영혼을 다 바쳐가며 일하다가, 더는 일할 수 없는 지경에 이르면 그제야 휴직을 고민한다. 뒤늦게 휴직을 하지만 이미 건강도 잃고 인사고과 평점도 잃은 후다.

일하면서 평점 챙기느라 건강 잃고 가족 잃고 행복까지 다 잃으면 무슨 소용인가? 소 잃고 외양간 고치지 말고 미리 나 자신부터 챙기는 지혜와 용기가 필요하다.

괴테는 "인생은 속도가 아닌 방향이다"라고 했고, 간디는 "방향이 잘못되면 속도는 의미가 없다"라고 했다. 나는 휴직으로 가족과 잊을 수 없는 소중한 추억을 쌓았고 30대의 갭이어로 나와 진지하게 대면했다. 무엇을 하고 싶은지 모르겠는데 막연히 퇴사하고 싶다는 생각으로 혼란스러운 직장인이라면 휴직도 하나의 대안이다.

단, 휴직은 신중하게 고민하여 지혜롭게 사용해야 한다. 나는 직장 속 갭이어를 통해 내가 소통에 관심이 많고 강점이 있다는 것을 발견했다. 덕분에 커뮤니케이션 팀으로 부서 이동도 가능했다. 또한, 육아휴직을 하며 낮에는 아이를 돌보고, 밤에는 글을 쓰며 꿈을 향해 조금씩 나아갔다.

'세상에서 가장 만나기 힘든 사람은 바로 자기 자신'이라는 말이 있다. 우리는 너무 바빠서 내면의 작은 소리에 귀 기울이지 못한 채 살아간다. 지금 내 마음의 소리가 들리는가? 내 안의 나를 웃게 할 사람은 자신뿐이다. 혹시 직장 눈치만 보느라 인생의 대역죄인으로 살고 있다면, 이제 마음을 들여다볼 차례다.

두
번
째

기
회

현실

현재 위치가
중요한 것이 아니라
가고자 하는 방향이 중요하다.

- 올리버 웬델 홈즈

1 지금 나는 잘 사는 걸까?

빨리 어른이 되고 싶은 어린아이가 막연한 미래를 꿈꾸듯, 나에게 서른이란 나이는 아득한 별빛같이 느껴졌다. 20대가 되어서도 '30'은 크게 와닿지 않았다. 마치 30일이 오지 않는 2월 같은 20대였다고 해야 할까.

20대에 나는 서른 살의 꿈을 그려보곤 했다. 생각했던 이상적인 서른의 모습은 한 마디로 성공한 샐러리맨이었다. 스마트해 보이는 안경을 쓴 날카로운 눈빛의 소유자, 소매를 걷어붙인 와이셔츠를 입고 열정적으로 업무를 처리한다. 안경에 비친 모니터 화면에는 복잡한 숫자들이 군무를 춘다.

고단한 하루를 마치면 넥타이를 풀어 헤치고 단추를 두 개쯤 71

른 채 중형 세단에 몸을 싣는다. 세계 10대 야경 중 하나인 한강과 일직선으로 흩어지는 불빛을 배경으로 차는 미끄러지듯 달린다.

오피스텔에 도착해 뜨끈한 물줄기에 몸을 적신다. 샤워를 마치고 아직 덜 마른 머리카락을 손으로 털며 가운을 입는다. 냉장고 문을 열자 형형색색의 캔 맥주가 오열을 맞춰 흐트러짐 없이 서 있다. 캔 뚜껑을 따자 경쾌한 소리와 함께 거품이 흘러내린다. 잔잔한 음악을 들으며 창밖으로 야경을 지그시 바라본다.

20대 내내 유예했던 불안감은 점점 쌓여만 갔다. 그러던 어느 날 30대가 되었다. "이렇게 살 수도 이렇게 죽을 수도 없을 때 서른 살은 온다"라는 어느 시인의 말처럼. 서른 살이 된 현실 속 나는 정말 샐러리맨이 되어 있었다. 하지만 성공한 샐러리맨이 아니라 그냥 샐러리맨이었다.

우여곡절 끝에 입사한 대기업. 나는 꿈꾸었던 모습처럼 잘 다린 와이셔츠에 새 구두를 신었다. 유통 점포 한 층을 담당하게 된 나는 매일 옷 박스와 전쟁을 치렀다. 출근과 동시에 셔츠는 땀으로 흠뻑 젖어 쭈글쭈글해졌다. 구두는 한 달도 못 가 헌신짝이 되었다. 작은 점포의 협소한 창고 공간, 그 창고 안에 있는 고시원 같은 사무실에서 꼼짝없이 일했다. 마치 나는 점점 작아지는 인형이 끊임없이 나오는 러시아 전통 인형 마트료시카의 맨 마지막 '쪼꼬미' 같았다.

매일 13~14시간의 고단한 일과를 마치면 중형 자전거에 몸을 실었다. 1시간 30분이 걸렸지만, 퇴근길은 항상 한강 둔치 자전거 길을 이용했다. 한강 야경을 배경으로 달릴 때면 오늘 나에게 상처 준 사람들이 자전거 페달인 양 열심히 밟아댔다. 그렇게 어머니와 사는 월세 집에 도착하면 기네스북에 도전하듯 빛의 속도로 씻고 누웠다.

이때부터 자유 시간이지만 시계는 어느덧 자정을 가리킨다. 세상에서 가장 무거운 게 눈꺼풀이라고 했던가. 눈이 자꾸 감긴다. 자유를 쟁취하려고 무거운 눈꺼풀과 싸운다. 눈에 더욱 힘을 주고 버텨보지만 번번이 참패한다. 그리고 다시 똑같은 하루가 반복된다. '아, 지금 나는 잘 사는 걸까?'

나는 직장 생활 만 1년이 되었을 때 회사 선배에게 상담을 요청했다.

나   선배님, 직장 생활이 힘들다는 건 알고 있었는데 왜 자꾸 회의감이 들까요? 이건 아니라는 생각이 드는데 어떻게 해야 할까요?

선배 그래, 힘들지? 하지만 네가 회사 생활을 얼마나 해봤니? 최소 3년은 해봐야 회사가 어떤 곳인지 조금 감을 잡을 수 있어. 섣불리 판단하지 않으면 좋겠다.

선배 조언대로 버텼다. 3년이 되었지만, 여전히 나는 '지금 잘 사는 걸까?'라는 질문을 하고 있었다. 이번에는 특진을 할 정도로 회사에서 인정받는 동기와 대화를 나누었다. 그는 어떤 생각으로 회사를 다니는지 궁금했다.

나   자꾸 이건 아니다는 생각이 들어. 회사에서 매일 13~14시간 씩 보내는 게 과연 맞을까? 열심히 할수록 자꾸 허무해. 너는 어때?

동기   에이, 그게 무슨 소리야. 무조건 열심히 해야지. 그냥 열심히 하는 게 답이야.

'누구나 다 이렇게 사는 거'라고 스스로 위로하며 어느덧 30대 중반이 된 나. 회사 생활 10년 차가 되었을 때 육아휴직을 신청했다. 아빠가 된 선배들은 하나같이 "출퇴근할 때 항상 아기가 자고 있으니 주말에도 아빠 얼굴을 못 알아보더라"라는 푸념을 늘어놓았다. 나는 갓 태어난 첫아이에게 적어도 아빠 얼굴이 어떤지는 보여주고 싶었다. 그리고 아이가 자라가는 경이로운 모습을 눈에 담고 싶었다.

육아휴직을 했을 때 지인들은 아이와 함께하는 아빠라서 부럽다고 했다. 나도 아이와 함께해서 좋았다. 하지만 육아휴직 급여로 받은 돈은 월 100만 원 남짓. 그마저도 4개월째부터는 절반으로 줄어들었다. 아내도 일을 했지만, 파트타임이라 둘이 합치면 겨우 월 150만 원 정도였다.

분유, 기저귀, 이유식 재료뿐만 아니라 카시트, 유모차, 보행기 등 들어가는 돈이 끝도 없었다. 모아둔 돈으로 버티고 버티다 보니 통장은 어느새 '텅장'이 되어버렸다. 가장으로서 무거운 책임감을 견디며 살았다. 월요병에도 시달렸다. 휴직 기간임에도 불구하고 일요일 저녁만 되면 괜히 기분이 다운되었다. 평일도 주말 같은 생활을 하면서도 주말이 되어야만 안도감이 들었다.

육아휴직 6개월을 아내와 충분히 상의했기에 아내는 마음 편히 쉬라고 위로해 주었다. 이런 아내가 세상에 어디 있나 싶어 고마운 마음에 눈시울이 붉어졌다. 하지만 스마트폰 단체 채팅방을 통해 동기의 특진 소식, 후배의 승진 소식이 들려왔다. 불안감이 다시 엄습했다. 나는 또 나에게 질문했다. '지금 잘 사는 걸까?'

육아는 부부가 둘이서 해도 너무 힘들다. 나보다 먼저 아빠가 된 친구는 '육아는 하루 24시간 안에 36시간 분량의 일을 해야 하는 것'이라고 했는데 그 말을 이제야 실감한다. 특히 아이가 자지러지게 울면 별짓을 다 해보아도 그치지 않을 때가 있다. 총체적 난국으로 멘붕, 유체 이탈을 간접 경험한다.

최근에는 아이가 감기로 일주일간 병원에 입원했다. 고사리 같은 손에 주삿바늘을 꽂자 몸서리치며 역대급 통곡을 했다. 일주일간 우리 부부는 하루 평균 2시간씩 자며 아이를 간호했다. 힘들고 예민해지는 나날들, 그럼에도 아이의 해맑은 미소를 보면 잠시나마 천국을 경험한다.

여전히 불안하고 질문 가득한 인생이지만 나는 지금 돈으로 살 수 없는 행복을 누린다. 누군가가 "지금 너는 잘 살고 있니?"라고 묻는다면 이렇게 답하리라. "그래, 지금 나는 잘 살고 있다!"

2 아직 우린 젊기에, 괜찮은 미래가 있기에?

음악은 시공을 뛰어넘는 마력이 있다. 학창 시절에 죽어라 외웠던 암기 과목 내용은 지금 하나도 기억나지 않는다. 그런데 당시 좋아했던 노래는 달달 외우지 않았지만, 시간이 지나도 선명히 기억난다. 세월이 흘러도 전주만 흐르면 그때 그 시절이 머릿속에 소환된다.

2017년 9월, 한 가수의 데뷔 25주년 콘서트에 팬 3만 5천 명이 모였다. 어느 팬은 "오빠 은퇴한다고 울고불고했던 교복 소녀가 어느덧 아이 둘의 엄마가 되어 다시 오빠를 찾았다"라며 감회에 젖었다. 그 오빠는 바로 40대 중반이 된 서태지였다. 1990년대 '문화 대통령'이라 불리며 가요계에 새로운 패러다임을 선도했던 서태지는 '케이팝 아이돌의 조상'이다.

특히 초등학교 5학년 때 처음 접했던 노래 〈Come Back Home〉은 충격 그 자체였다. 겨울도 아닌데 스키복을 입고 단발머리 위로 비니를 뒤집어쓴 서태지가 앵앵대며 랩하는 힙합곡은 해일처럼 국내 가요계를 휩쓸었다. 23년이 지난 지금에도 피를 뜨겁게 하는 노래다.

서태지 데뷔 25주년 콘서트에는 방탄소년단이 함께 무대를 빛냈다. 특히 현대적 감성으로 재해석한 방탄소년단의 〈Come Back Home〉이 많은 이슈가 되기도 했다. 각 시대를 대표하는 두 아이콘의 20여 년을 관통하는 경이로운 만남이었다.

'문화 대통령' 서태지가 가요계를 점령했던 1990년대까지만 해도 30대는 대한민국 사회의 든든한 주축이었다. 대기업 입사도 내 집 마련도 마음먹고 열심히만 하면 어렵지 않았다.

동아일보 고기정 경제 부장은 "1990년대까지도 양질의 일자리는 530여 만 개인 반면 대졸 노동력은 500만 명이 채 안됐다. '삼성 고시' 같은 건 없었다. 대학 학과 사무실에서 추천서를 받아 취직하던 때"라고 말했다. 또한 한국은 개발 연대를 거치면서 자식이 부모보다 잘사는 걸 당연하게 여겼다고 한다. 부모의 헌신적인 노력 덕분이기도 했지만, 성공적인 산업화 과정에서 소득과 기회의 배분이 비교적 원활하게 이뤄져 왔기 때문이라고 분석했다.

하지만 지금 대한민국 30대는 다르다. 저성장 시대가 되자 공급과 수요의 역전 현상이 일어났다. 대한민국의 청년 백수는 38만 명에 달한다. 이전 세대는 안정된 직장과 부동산 열기로 부를 축적했다. 그러나 단군 이래 처음으로 부모보다 못 사는 요즘 세대는 취업도 내 집 마련도 포기하고 있다. 그뿐만 아니라 인간관계와 연애, 결혼과 출산을 비롯해 꿈과 희망까지도 단념한다.

오히려 대기업에서 퇴사하는 30대도 늘고 있다. 9급 공무원, 세무사, 공인회계사, 공인중개사 등에 도전하기 위해서다. 교육 업체 에듀윌에 따르면 공인중개사 시험 수강생 비율은 30대 34퍼센트, 40대 31퍼센트, 50대 19퍼센트로 30대가 가장 높았다. 9급 공무원 시험을 공부 중인 어느 30대 직장인은 한 인터뷰에서 "기업 재직 당시 잦은 밤샘 근무와 출장에 시달리다가 지금 남편과 결혼했다. 도저히 가정생활을 할 수 없다는 생각에 회사를 그만두고 '워라밸'을 보장하는 9급 공무원을 준비하게 됐다"라고 말했다.

성균관대학교 사회학과 구정우 교수는 "출세와 성공을 상징하는 대기업 재직이 과거와 달리 사회 구성원들에게 행복을 보장해주지 않는다"라며 성취보다는 '안정'과 '자유'에 의미를 더 부여하고 주체적인 삶을 살겠다는 구성원들의 욕구가 높아지고 있다고 분석했다. 아무리 대기업이라도 노후를 보장해 주지 않기에 직장인은 '평생직장'이 아닌 평생 '직업'을 찾는다. 아버지는 나에게 "한 우물을 파야 한다. 그게 다 니 기반이 되는 기라"라고 한다. 맞는 말이지만 현실은 그렇지 않다. 가정을 포기하고 회사에 충성해 임원이 되더라도 임원은 언제 잘릴지 모르는 계약직 신분에 불과하다. 요즘 직장 내에서는 '임원보다 만년 부장', '부장보다 만년 과장'을 선호한다.

30대 직장인이 되어 선배들을 보니 나도 머지않아 직장에서 잘리면 '컴백홈' 해야 하는 운명에 처해 있다. 서태지는 "아직 우린 젊기에 괜찮은 미래가 있기에"라는 가사로 우리를 위로하지만, 현실 도피의 공허한 외침같이 느껴지는 이유는 왜일까?

취업 정보 사이트 인크루트에서 진행한 설문 결과, 30대 직장인의 64퍼센트가 "나는 하류층이고 계층 상승은 어렵다"라고 응답했다. 벌써 우리는 젊지 않은 것 같고, 미래는 괜찮지 않게 느껴진다. 30대 직장인, 우리는 앞으로 어떻게 살아야 할까?

세상이 불안하고 어지러울 때 꼭 등장하는 사람이 있다. 미래에 대한 두려움과 호기심을 느끼는 인간 심리를 교묘히 이용하는 거짓 예언자다. 예언자는 '미래학자'라는 그럴싸한 명함을 내걸고 알 수 없는 미래를 '근자감'으로 예측한다. 프랑스가 낳은 세계 최고의 예언가 노스트라다무스도 빗나간 예측 때문에 희대의 낚시꾼이라며 조롱당하지 않았던가.

제3의 물결을 말한 엘빈 토플러는 '미래를 예측하는 사람은 미래학자가 아니라 사기꾼'이라고 했다. 정해지지 않은 미래를 어떤 형태로든 확정적으로 말할 수 없기 때문이다. 그리고 모든 가용한 자원을 동원해 미래를 연구하되 그 결과에 대해서는 회의적인 태도를 견지해야 한다고 말했다. 그의 말에 고개가 절로 끄덕여진다.

거짓 예언자가 지어낸 암울한 미래 때문에 우리는 절망할 필요가 없다. 현재 대한민국이 헬조선이 아니라는 희망적인 지표가 얼마든지 있다. 아시아판 다보스포럼이라 불리는 보아오포럼의 '아시아 경쟁력 2019년 보고'에서 한국은 아시아에서 종합 경쟁력 순위 1위에 올랐다. 이는 전년보다 두 단계 상승한 성적이었다. 2위는 타이완, 3위는 싱가포르였다. 일본과 중국은 각각 5위와 9위를 차지했다.

또한, 지난해 유엔개발계획UNDP이 전 세계 189개국을 대상으로 성불평등지수GII를 평가한 결과, 한국이 아시아에서 성평등 수준이 가장 우수한 것으로 나타났다. 189개국 중에서는 10위로 세계 최고 수준의 남녀평등을 실현한다고 평가되었다.

피부로 잘 와닿지 않는다는 게 함정이지만, 현재 대한민국의 상황이 나쁜 것만은 아니다. 지금은 양질 전환의 변곡점이다. 우리는 의식의 진보가 경제 성장의 속도를 따라가지 못했던 지난날을 경험했다. 경제 성장이 둔화된 이때 어쩌면 그동안 저만치 뒤따라오던 의식의 진보가 간극을 좁히는 절호의 기회일지 모른다. 기득권만 특혜를 누리는 세상이 아니라 전 국민이 높은 시민 의식을 가지고 모두가 평등하게 인권을 누리는 세상을 이룰 때다.

인디언은 미래보다 현재를 중시한다. '오늘처럼 멋진 날들이 계속되기를'이라고 기도한다. 내일의 네 잎 클로버가 아닌 현재의 세 잎 클로버에 행복해한다. 고통스러운 현실을 부정하며 미래의 인생 역전을 꿈꾸는 사람은 현재의 시간을 허비하며 산다. 삶 속에 불평불만과 패배 의식만 가득하다. 그러나 인디언은 미래가 현재의 연속임을 알기에 현재에 집중하며 충실히 시간을 축적한다. 감사와 사랑, 기쁨이 있는 삶이다.

나는 지금 무엇에 집중하는가? 중요한 것은 현재다. 오늘은 나에게 남은 가장 젊은 날이다. 아직 우리는 젊기에, 현재의 시간을 사랑하며 차곡차곡 쌓아간다면, 분명 괜찮은 미래가 기다린다.

3 서른의 공포,
공포의 서른

1990년대는 대중가요, 영화, 게임 등 모든 문화 콘텐츠 산업의 중흥기였다. 그중에서도 〈마지막 승부〉, 〈걸어서 하늘까지〉, 〈질투〉, 〈여명의 눈동자〉 등 90년대를 풍미했던 드라마들이 있었다. 최고를 꼽는다면 단연 〈모래시계〉가 아닐까.

〈모래시계〉는 격동하는 현대사의 현장을 담아낸 작품이다. 70년대 후반부터 90년대 초반까지의 사회 전반에 만연한 부조리를 조명했다. 작품을 통해 최민수, 박상원, 고현정은 톱스타의 입지를 굳혔고 이정재, 이승연, 김정현, 홍경인은 새로운 스타로 발돋움했다. 작품 배경이었던 강원도 정동진은 유명 관광지가 되었다. 정동진역에 하루 한 번만 서던 열차가 수십 번을 서기도 했다.

우리 집도 이 드라마에 열중했다. 퇴근 후 현관문을 열자마자 아버지는 "〈모래시계〉 하나? 〈모래시계〉!('모'자에 악센트를 준 경상도 사투리로 '지금 〈모래시계〉 하고 있니?'라는 뜻이다.)"라며 황급히 구두를 벗었다. 평소 드라마를 즐겨 보지 않았던 아버지 반응이 이 정도였다. 당시 이 드라마가 방영되는 날에는 거리가 한산했다. 너나 할 것 없이 귀가를 서둘렀기 때문이다. 전 국민의 '귀가 시계'가 될 정도로 인기는 대단했다.

특히 경이적인 시청률 64.5퍼센트를 기록했던 마지막 회는 압권이었다. 당시 열두 살이었던 나는 지금도 한 장면을 선명하게 기억한다. 사형 집행을 앞둔 주인공 태수의 눈빛. 시종일관 넘치는 카리스마를 뿜어온 태수도 죽음 앞에서 떨었다.

"나… 떨고 있니?"

심리학자 김태형 작가는 《트라우마 한국사회》에서 현재 30대인 80년대생을 '공포 세대'라고 정의했다. 경쟁과 사교육, 왕따 현상 속에 자라난 세대에게 공포 트라우마가 깊이 내재되어 있다고 분석했다. 공포 세대는 경제적으로 풍요로운 유년기를 보냈으나 일찍이 세상에 대한 공포를 체감하며 자란 세대다.

이들은 90년대 화두였던 '세계화' 열풍으로 개인 경쟁력을 강화해야 한다는 사회 압력 속에서 자랐다. 사교육이 과열되면서 80년대생은 '엄친아', '엄친딸'과 끊임없이 개인 경쟁력을 비교당

해야 했다. 또한, 경쟁에서 뒤처지면 스스로 패배자라고 여기며 자괴감을 느꼈다.

특히 1997년 IMF 때는 부모 세대가 겪은 공포를 자녀도 고스란히 겪어야 했다. 부모 세대는 일자리를 잃고 사업에 실패하며 거리로 내몰렸다. 80년대생은 공포로 가득 찬 세상 속에서 청소년기를 보냈다. 또한 '이해찬 세대'로서 입시 공포도 맛보았다.

공포 세대는 늘 공포에 떨어야 했다. 일류 대학에 진학하지 못한 이들은 자기 혐오감에 빠졌다. 끊임없이 진로를 고민하고 불안해했다. 시장 논리가 대학을 집어삼킨 상황에서 공포 세대는 무력했다. 대학에서 취업에 도움이 되지 않는 일부 학과가 폐지되기도 했다. 성인이 되어 자기 철학을 구축해 가야 하는 중요한 시기에 공포 세대는 각종 스펙 쌓기에만 열중했다. 대학의 낭만 따위는 개나 줘버린 채.

호랑이 담배 피우던 시절에는 대학 졸업만 해도 여러 기업에서 환영했다고 한다. 그러나 2008년, 미국발 금융위기가 터지며 담뱃값이라도 아껴야 하는 '호랑이 담배 끊는 시절'이 도래했다. 취업 시장은 점점 얼어붙었다. 공포 세대는 "나… 떨고 있니?"라는 대사를 자신에게 던지며 살아왔다.

2018년 희망제작소에서 실시한 '시민희망 인식조사'에서 30대가 전 연령대 중 가장 비관적인 세대인 것으로 나타났다. 조사 결과에 따르면 30대는 현재 삶의 만족도, 정신과 신체의 건강, 경제 상태 등 대부분 항목에서 평균보다 낮은 만족도를 보였다. 현재는 물론 미래에 대한 희망 수준도 낮았다. 희망제작소는 "30대는 집단 우울증을 의심할 만큼 모든 항목에서 만족도가 낮다"라고 평가했다.

대한민국 30대는 정말 집단 공포증과 우울증에 빠진 것일까? 직장 생활을 통해 공포와 우울 속에서도 보람을 느낄 때가 있다. 하지만 취업 전 20대에 바라본 직장 생활이 '터널 끝의 빛'이었다면 30대에 체험한 직장 생활은 '터널 속의 터널'이다. 전전긍긍하며 살아가는 선배들을 볼 때 직장 생활의 앞날이 뻔히 보인다. 5년 후, 10년 후 내가 선배들의 자리에 있는 것도 두렵지만 그 자리에 없을지도 모르는 현실이 더 두렵다.

공포 세대는 두려움으로 인해 안정을 추구하고 무력하게 순응해 왔다. 그러나 이제는 공포에서 벗어나야 한다. 더는 눈치 보며 살아가는 희생양이 되어서는 안 된다. 한 일간지에 실린 소방학교 교육생 이야기가 인상적이었다. 가장 유익했던 교육이 무엇이냐는 질문에 교육생은 이렇게 답했다.

"저는 고소공포증이라고 생각했던 공포심이 있었습니다. 그러나 교관님께서 '누구나 높은 곳에서는 다 무섭다. 그것은 고소공포증이 아니다. 인간이라면 당연한 것이다. 그러니까 할 수 있다'라고 하셨던 말씀이 생각납니다. 그 말씀에 용기를 얻었고 고층 건물에서 로프 하강과 헬기레펠 교육 때 공포심을 극복할 수 있었습니다. '첫발이 무섭지 그다음부터는 아무것도 아니구나'라는 마음가짐을 얻게 됐고 앞으로는 어떤 높이에서도 겁먹지 않는 용감한 소방관이 되겠다고 다짐했습니다."

이제는 공포 세대라는 말 뒤에 숨지 말자. 헬조선으로 풍자되기도 하는 대한민국 땅에서 공포를 느끼지 않는 사람은 없다. 특히 30대가 느끼는 공포는 당연하다. 그러니까 괜찮다. 우리는 원했든 원하지 않았든 이 땅에 태어나 첫발을 내디뎠다.

출산할 때 산모와 태아는 죽음의 공포를 느낀다고 한다. 생명은 죽음의 공포를 극복한 고귀한 용기다. 우리는 지금 살아 있다는 사실 하나만으로도 용기 있는 사람이다. 공포의 하루하루를 극복하며 생존해 있지 않은가? 인생은 궁극적으로 죽음이라는 공포를 견디며 살아가는 여정이다. 죽음을 직시할 때 더욱 용기 있는 삶을 살 수 있듯이 공포를 발판 삼아 마음껏 비상하는 30대가 되어보면 어떨까?

4   분명 쉬었는데도
자꾸만 피곤하네

나   아빠, 나는 '안분지족安分知足'을 좌우명으로 정할래. 뭔가 멋
       있는 것 같아.

아버지 뭐라꼬? 남자는 꿈을 크게 가져야 하는 기라. 다시 찾아봐라!

어린 시절, 나는 잠시도 가만히 있지 못했다. 럭비 선수 출신인
아버지를 닮아 늘 에너지가 넘쳤다. 눈 뜨면 밖에 나가서 놀다가
배고프면 잠깐 집에 들어와 밥 먹고, 또다시 나가는 게 일상이었다.

교사였던 어머니는 나에게 차분하게 앉아서 책도 좀 보라고
했지만, 독서는 내 취향이 아니었다. 책을 펼치면 좀이 쑤셔 견딜
수 없었다. 그런 내가 한 권도 아니고 일곱 권으로 된 세트를 진득

하게 앉아 완독한 책이 있었으니, 바로 《따개비 한문 숙어》였다. 만화를 보며 쉽고 재미있게 한문 숙어를 배웠다.

주인공 따개비와 함께 한문을 공부하는 재미에 푹 빠져 있던 초등학교 3학년 어느 날, 편안한 마음으로 제 분수를 지키며 만족함을 안다는 뜻인 '안분지족'이 마음에 훅 들어왔다.

그런데 아버지 만류로 잊고 지냈던 이 사자성어가 25년이 흐른 지금, 다시 떠오른 이유는 무엇일까? 요즘 "왜 쉬어도 자꾸 피곤할까?"라는 말에 공감하지 못하는 직장인은 없을 것이다. 취업 사이트 잡코리아가 '직장인 피로도'를 조사한 결과, 직장인 10명 중 9명은 일이 많아 잘 쉬지 못하고 끊임없는 일 생각에 피곤하다고 답했다. 피곤한 이유로는 "쉬어도 재충전이 안 된다"라고 응답한 직장인이 10명 중 7명으로 가장 많았다.

직장인의 평균 수면 시간은 6시간 6분으로 성인의 권장 수면 시간 7~9시간에 훨씬 못 미쳤다. 직장인도 스스로 하루 평균 수면 시간에 대해 65.2퍼센트가 부족하다고 느끼는 것으로 나타났다. 통계청이 연령대별 피곤함 정도를 조사한 결과 30대 90.3퍼센트, 40대 89.2퍼센트, 20대 84.1퍼센트 순으로 "늘 피곤을 느낀다"라고 답했다.

나만의 엄살이 아니라는 사실에 안도감이 든다. 대한민국에서 가장 피곤한 30대 직장인은 왜 쉬어도 자꾸 피곤할까? 내 몸에 문제가 있는 걸까 걱정한 적도 있다. 그러나 한 책을 접하고 난 후 내 탓이 아니라는 사실을 깨달았다. 2012년 그해에만 4만 권이 넘게 판매된 재독 철학자 한병철 교수의 《피로사회》는 가벼운 대중 인문서가 판치는 출판계에서 무거운 존재감을 보여주었다.

한병철 교수는 《피로사회》에서 현대인이 피로하고 우울할 수밖에 없는 이유가 규율 사회에서 성과 사회로 패러다임이 전환되었기 때문이라고 밝혔다. 그에 의하면 20세기 이전의 사회는 '~하면 안 된다'라는 부정성이 가득한 규율 사회였다. 하지만 시간이 지나면서 점차 생산성 향상을 위해 '~할 수 있다'라는 긍정성이 지배하는 성과 사회가 되었다. 그는 '긍정성의 과잉'이 바로 오늘날의 피로 사회를 만들었다고 진단했다.

성과 사회에서 구성원들은 급기야 자기 착취에 빠져버렸다. 스스로 착취하는 일은 타인을 착취하는 것보다 훨씬 더 자유롭고 수월하다. 그렇게 자기 자신을 극한으로 내몰다 결국 번아웃, 무기력, 우울증에 빠진다. 스스로 피해자인 동시에 가해자가 되는 것이다.

나는 그동안 현대인이 피로한 이유가 무언가 부족하거나 결핍되어서라고 생각했다. 그러나 현대인의 피로는 '투머치'에 있었다. 한병철 교수는 "성과 사회의 압력은 끝없는 성공을 향한 유혹에 노출되어 있는 개개인의 반성과 자각을 통해서만 물리칠 수 있다"라며 '깊은 심심함'과 '근본적 피로'가 필요하다고 역설했다. 깊은 심심함이란 깊은 사색을 통해 자기 자신에게서 벗어나 세상을 바라보는 것을 의미한다. 이때 비로소 우리는 '근본적 피로'를 누린다. 무장에서 해제되고 염려에서 해방되며 마침내 너와 나, 우리를 화해시키는 것이다.

성과 사회인 대한민국에서 직장인들 사이에 과잉의 실체를 자각하는 움직임이 일어나고 있어 고무적이다. 하지만 아직 갈 길이 멀다. 한병철 교수가 무게 있게 제시한 해결책이 일반 직장인에게는 다소 어렵고 추상적으로 느껴진다. 직장인이 피로에서 벗어나는 방법 중 좀 더 쉽고 구체적인 방법은 없을까?

알렉스 수정 김 방의 《일만 하지 않습니다》에서는 완벽하게 쉬고 집중해서 일하는 법을 다룬다. 요약하면 다음과 같다.

1. 진지하게 휴식을 취하라. 휴식은 필요악이 아닌 필수다. 휴식은 활력과 영감, 창의적인 돌파구를 제공해 준다.
2. 하루 중 집중하는 시간을 확보하라. 오전에 가장 중요한 업무에 집중하고 회의나 미팅은 오후로 미루어라. 창의적인 사람은 강도 높게 집중력을 발휘해 일한다.
3. 강도 높게 일하고 즉시 휴식을 취하라. 한숨 푹 자고 나면 골몰하던 문제가 해결되기도 한다.
4. 하루를 일찍 시작하라. 이른 아침 시간은 주의력을 산만하게 하는 요소가 매우 적다. 창의적인 사람은 대부분 이른 아침 시간에

가장 중요한 일을 한다.

5. 일에서 완전히 동떨어진 시간을 가질수록 더욱 많이 회복되고 활력을 되찾는다.

6. 일에서 완전히 분리되려면 스마트폰은 잠시 치워두라. 생산적인 방식으로 휴식을 취하려면 정기적으로 스마트폰이나 디지털 장비와 단절되는 시간을 확보해야 한다.

7. 휴가로 얻은 정서적 만족감은 2개월가량 지속된다. 분기별로 일정 기간 휴식을 취하라. 쉬는 둥 마는 둥 어정쩡한 휴가가 아닌 정말 휴가다운 휴가를 보내는 것이 중요하다.

8. 일이 아닌 다른 활동, 심층 놀이를 즐겨라. 심층 놀이는 창의적 활동의 원동력이다. 온전히 자신의 힘으로 올라가야 하는 암벽등반과 등산도 좋은 예다.

9. 운동하라. 더 많이 움직일수록 뇌는 일을 더 잘한다. 대중교통 이용 시 한두 정거장 전에 내려서 걷거나 엘리베이터 대신 계단을 이용하는 방법도 좋다.

10. 충분히 자라. 잠은 단순히 신체적인 휴식 기능만 하지 않는다. 잠을 통해 뇌가 기억과 기술을 저장하고, 뇌에 축적된 노폐물을 배출한다.

저자는 "누구라도 쉬고 싶으면 쉬어야 한다. 바쁜 업무의 유혹에 맞서고, 휴식 시간을 따로 만들어서 이를 진지하게 지켜야 한다"라고 말한다. 또한 호시탐탐 휴식을 빼앗으려는 세상과 맞서 싸워야 한다고 강조한다.

나는 다시 '편안한 마음으로 제 분수를 지키며 만족함을 안다'는 안분지족의 지혜를 마음에 새겨본다. 편안한 마음은 우리가 휴식을 취하며 깊은 심심함을 누릴 때 비로소 얻는다. 제 분수를 지킨다는 것은 자신을 낮춘다는 뜻이 아니다. 근본적 피로 속에서 나를 가만히 들여다볼 때 자신의 가능성과 한계를 올바로 인식하고 제 분수를 지킨다. 그러면 이 순간의 만족을 알게 된다.

그동안 우리는 스스로 가해자이자 피해자로 살아왔다. 자기 착취의 가해자인 나를 진정시키고 본질을 바라보도록 마음의 한편을 내어주자. 그리고 무기력한 피로의 피해자인 나를 따스한 손길로 토닥이며 회복하도록 다른 한편도 내어주자.

나를 소중히 여긴다면 지금 나를 탈진시키는 피로가 아닌 우리를 화해시키는 피로를 누려보면 어떨까? 가장 피곤하다는 30대는 지금의 피로를 올바로 다룰 때 가장 덜 피곤한 직장인이 된다.

5 꿈을 좇을까,
현실과 타협할까?

초등학교 때 꿈은 햄버거 가게와 오락실을 동시에 운영하
는 사장이었다. 어머니는 나를 엄하게 키웠는데, 인스턴트식품은
건강에 나쁘다는 이유로 오락실은 나쁜 물이 든다는 이유로 철저
히 통제했다.

어린 마음에 나중에 크면 햄버거도 실컷 먹고 오락도 실컷 하
는 멋진 어른이 되겠다고 다짐했었다. 초등학생에게 꿈이 뭐냐고
물으면 과학자, 선생님, 대통령, 의사 등 주로 모범답안을 말하던
시절에 내 꿈은 나름 파격적이었다.

어머니는 철부지의 귀여운 애교 정도로 생각하고 웃어넘겼지
만, 지금 생각해 보면 나는 절대 작지 않은 꿈을 꾸고 있었다. 요즘

어디 가게 하나 내기가 쉬운 세상인가? 그것도 두 개나 동시에 운영하겠다는 야무진 꿈을 꾸었다고 생각하니 웃음이 나온다.

당시 나보다 훨씬 더 야무진 꿈을 꾸는 친구가 있었다. 빨간 머리 꼬마 '통키'였다. 90년대 초반, 만화영화 〈피구왕 통키〉는 전국 국민학교에 피구 열풍을 일으켰고, 빨간색 유성펜으로 배구공에 불꽃 마크를 그리는 유행을 만들기도 했다. 통키는 세계 제일의 피구왕을 꿈꾸는 어린아이다. 만일 요즘 통키 같은 어린아이가 있다면 꼰대 어른은 이렇게 조언할 것이다. "이놈아, 피구는 세계 대회가 없어. 손흥민처럼 월드컵에서 뛰는 축구 선수가 되어야지!"

며칠 전 한 초등학교 앞을 지나다 깜짝 놀랐다. 정문에 걸린 현수막에 "○○초등학교, 전국 피구대회 우승"이라고 적혀 있었다. 피구는 체육 시간에만 하는 놀이라고 생각했는데 전국 대회까지 생길 줄이야. 그러고 보니 피구는 남녀가 함께 즐길 수 있는 쉬운 운동이다. 언젠가 세계 피구대회가 생길지도 모른다는 기대감이 생겼다. 통키의 꿈은 헛되지 않았다. 기성세대가 만든 틀 안에 갇혀 지나치게 현실적이고 영악해진 요즘 아이와는 달리 통키는 순수한 꿈을 품었다.

직장인은 꿈을 좇기는커녕 살아남기에도 급급한 삶을 산다. 이제는 30대 후반, 40대 초반에도 권고사직의 압박에 시달리는 시대다. 선배들을 보며 30대 직장인은 꿈을 좇을까, 현실과 타협할까의 갈림길에서 고민한다. 꿈을 이야기하고 싶어도 기성세대는 그걸로 밥 먹고 살겠냐며 핀잔을 준다. 꿈이라는 게 기성세대가 말하는 밥보다도 못한 것이었나. 요즘 30대는 7포 세대가 되기에 이르렀다. 어려운 현실로 연애와 결혼, 출산과 내 집 마련을 비롯해 인간관계와 꿈과 희망까지 포기한다.

슈퍼히어로가 등장하는 영화 〈어벤져스〉 시리즈를 보아도 갈수록 악당은 강해지고 세상은 암울해진다. 그러나 현실이 어두울수록 슈퍼히어로의 활약은 더욱 빛난다. 만일 슈퍼히어로가 현실에도 존재한다면 어떨까? 티브이 프로그램 〈리틀빅 히어로〉는 평범하지만 특별하고, 작지만 큰 우리 주변의 영웅을 소개한다.

저녁 7시가 되면 행복해지는 한 사람이 있다. 치킨 가게를 운영하는 김은남 씨 이야기다. 그는 서울에 올라와 온갖 고생 끝에 작은 치킨 가게를 열었다. 그런데 어느 날 가게 아르바이트생이 치킨을 배달하다 음주 차량에 치여 목숨을 잃었다. 한동안 충격에 빠져 있던 김은남 씨는 이런 생각이 들었다고 한다. '이렇게 살다가 갑자기 봉변을 당하면, 고생만 하고 가는 것 아닌가? 그러기 전에 뭔가는 해놓고 가야 하는데….'

그는 가게에서 가장 바쁘고 중요한 저녁 7시가 되면 직접 치킨을 포장하여 어려운 이웃을 찾아간다. 그의 치킨은 누군가에게 절망적인 현실에서도 꿈을 잃지 않도록 힘을 주는 따뜻한 선물이다.

김은남 씨는 말한다. "많이 벌면 도와야지? 제가 생각해 봤는데 그때는 늦습니다." 그는 내일 찾아올지도 모르는 죽음 앞에서 오늘 당장 행복한 꿈을 실천하며 산다. 작은 치킨 가게 사장이지만, '갓물주'보다 더 넉넉한 삶을 누리고 있지 않을까?

작고 연약했던 통키는 고된 훈련과 도전으로 시련을 이겨내며 어린아이에게 꿈을 심어주었다. 마찬가지로 김은남 씨는 평범한 나도 세상을 바꿀 수 있다는 꿈을 꾸게 해주었다. 진정 그들은 작지만 큰 영웅이다.

꿈과 현실은 양자택일 문제가 아니다. 꿈을 좇는다고 현실을 무시하는 것도, 현실을 직시한다고 꿈을 포기하는 것도 아니다. 그렇다고 꿈과 현실 앞에서 두 마리 토끼를 다 잡으려고 욕심을 부려서도, 이도 저도 아닌 뜨뜻미지근한 태도를 보여서도 안 된다. 꿈과 현실은 시공간으로 연결된 불가분 관계다. 꿈은 현실 속에서 발현될 때 가치가 있다. 꿈만 꾸며 살다가 어느 날 갑자기 영원히 꿈나라로 떠난다면 인생이 얼마나 허무할까?

브라질 소설가 파울로 코엘료는 39세 때 800킬로미터에 이르는 산티아고 순례길을 걸으며 인생에서 가장 중요한 것을 깨달았다. 바로 '꿈을 갖는 일'이었다. 그는 "꿈을 좇을 때는 꿈이 당신의 전부가 돼야 한다. 오늘 하루가 어제와 별다를 게 없다면 당신은 잘못 사는 게 틀림없다"라고 했다.

무라카미 하루키는 작가로 등단했을 무렵, '아직은 잘 쓰지 못하지만 나중에 실력이 붙기 시작하면 이러저러한 소설을 쓰고 싶다'는 뚜렷한 목표가 있었다고 했다. 그는 북극성처럼 빛나는 꿈을 바라보며 한 걸음씩 정진했다.

나도 언젠가 '선한 영향력을 끼치는 좋은 글을 쓰고 싶다'는 목표가 생겼다. 이것은 나의 북극성이 되어 길을 잃을 때마다, 포기하고 싶을 때마다 반짝이며 방향을 안내할 것이다.

꿈은 어제보다 나은 오늘을 만드는 원동력이다. 7포 세대에서 벗어나는 유일한 방법은 꿈을 갖는 것이다. 꿈은 어떤 직업을 갖느냐가 아닌 어떤 삶을 사느냐가 되어야 한다.

미래의 큰 꿈을 좇기가 버겁다면 오늘을 행복한 현실로 만드는 작은 꿈을 꿔보자. 그리고 당장 그 꿈을 실현해 보자. 따뜻한 세상을 꿈꾼다면 먼저 밝게 인사하기, 고마운 마음을 담아 커피 한 잔 선물하기 등 사소한 것부터 지금 바로 해보면 어떨까?

현실 속에서 꿈을 좇는 김은남 씨처럼 오늘 우리도 냉혹한 현실에 따뜻한 걸음을 내디딜 수 있다. 작은 불씨가 산불이 되듯 우리 안의 작은 온기가 세상으로 퍼져나갈 것이다. 그리고 작은 꿈으로 가득한 하루하루가 퍼즐 조각처럼 모여 아름다운 인생이라는 큰 그림을 완성할 것이다.

6 누구나 두려움을
안고 살아간다

우리나라에는 나이만큼이나 민감해하는 것이 하나 더 있다. 바로 혈액형이다. 나는 B형이다. 그 유명한 'B형 남자'다. 영화 〈B형 남자친구〉가 나왔을 정도로 B형 남자에 대한 인식은 그다지 좋지 않다. 지금 같았으면 B형 남자들이 들고 일어나 청와대 국민 청원 게시판에 〈B형 남자친구〉 상영 금지 청원을 했을지도 모른다. 당시 후폭풍이 두려웠는지 영화 말미에는 B형 남자가 진솔하고 따뜻하다는 식으로 포장했으나 병 주고 약 주고일 뿐이었다.

전 세계 70억 인구의 성격을 혈액형으로 구분하는 것 자체가 말이 안 된다. 유독 두 나라, 한국과 일본만 혈액형에 따른 성격 구분을 신봉한다. 그렇다면 세계에서 보편적으로 인정받는 성격 분류 기준은 무엇일까? MBTI는 마이어스Myers와 브릭스Briggs가 정신과 의사이자 심리학자 칼 융의 심리 유형론을 토대로 고안한 자기 보고식 성격 유형 검사다. 외향-내향(E-I), 감각-직관(S-N), 사고-감정(T-F), 판단-인식(J-P)이라는 네 가지 선호지표가 조합되어 열여섯 가지 성격 유형을 나타낸다.

여전히 성격을 열여섯 가지로만 구분하는 게 찝찝하지만, 그래도 네 가지로 분류하는 혈액형보다는 MBTI가 최소 네 배 이상 신뢰할 만하다. 지인 중에 MBTI 전문가가 있어 상담받은 적이 있다. 아내는 자기 전 집 안의 모든 창문과 문을 잠그고 자는 버릇이 있다. 물론 인적이 드문 농가 주택에 살아서 무서운 것은 이해한다. 하지만 덩치 크고 운동 신경 좋은 남편이 있는데 침대 옆에 망치를 놓는 것까지는 이해하기 어려웠다. 아내는 아기도 있는데 혹시 강도가 침입할까 봐 두렵다고 했다. 나는 아내가 침대 옆에 갖다 놓은 망치가 더 무서웠다. 게다가 아내는 집이 도로변에 있어 혹시 트럭이 집으로 돌진하지는 않을지, 지붕이 갑자기 무너지지는 않을지 종종 두려워질 때가 있다고 했다.

나   저희 집은 큰 도로변도 아니고 차 한 대만 지나다닐 수 있는 시골길 옆에 있어요. 저는 아내가 과대망상에 빠진 것은 아닌지 걱정이에요. 게다가 누구나 듬직하다고 말하는 제가 바로 옆에 있는데 저를 못 믿고 두려워하는 것 같아 서운해요.

지인   MBTI가 현중 씨는 ESFJ, 아내분은 ISFJ잖아요. S와 J의 성
향이 있는 사람은 자신이 보호자라고 생각해요. 가족은 내
가 보호해야 할 대상이라고 생각하는 유형인 거죠. 아내분
이 여성이기 때문에 당연히 시골집은 무서울 수 있어요. 그
런데 선생님처럼 아내분도 자신이 보호자라는 생각이 강합
니다. 가족을 보호하지 못할 경우를 두려워하고 그에 대비
하려는 거예요.

아는 만큼 보이는 법인가 보다. 아내를 이해하지 못해 서운한
감정이 들었던 나는 전문가가 한 말을 듣고 나서야 미안하고 고마
운 마음이 들었다. 그 후 바로 방 문고리를 고치고 창문에 이중 잠
금장치를 설치했다. 그리고 쇠파이프를 침대 옆에 놓아두었다. 아
내는 두려움이 한결 사라졌다고 했다. 덕분에 침대 옆 망치도 없어
졌다.

누구나 두려움을 안고 살아간다. 나는 무엇이 그렇게 두려울
까? 꼬리에 꼬리를 물고 생각하다 보면 결국 '죽음'으로 귀결한다.
아내가 그토록 두려워했던 것은 결국 가족이 불의의 사고로 죽을
수도 있다는 생각 때문이었다. 그렇다면 죽음이 왜 두려울까? 상
실과 단절 때문이다. 죽음은 생명을 상실하는 것이고 이는 곧 이
세상에서의 관계가 단절됨을 의미한다. 사랑하는 사람이 세상을

떠나는 것만큼 두렵고 슬픈 일이 또 있을까?

한편으로는 신이 인간을 창조할 때 생명을 보호하기 위해 죽음에 대한 두려움을 애초에 심어놓은 게 아닌가 하는 생각도 든다. 아기가 태어날 때 울음을 터뜨리는 것은 어두운 터널에서 죽음의 두려움을 이겨내고 마침내 세상 빛을 보았다는 안도감을 표출하는 게 아닐까?

두려움에 빠지는 또 다른 요인으로 '사람'을 들 수 있다. 대한민국은 관계 중심 문화가 발달해 있다. 유독 타인의 시선에 민감하다. 우리는 태어남과 동시에 부모의 시선을 피할 수 없다. '착한자녀 코스프레'로 부모를 기쁘게 하려고 애쓴다. 사회로 나가면 세상이 요구하는 사람이 되기 위해 힘을 쏟는다. 기준에서 벗어나면 외톨이가 될지도 모른다는 두려움으로 타인이 가는 길을 뒤따른다. 대학, 직장, 결혼, 노후 등 타인에게 보여주기 위한 쇼윈도 인생을 살다가 어느 날 내면의 소리를 듣고는 또다시 두려워한다. '내가 지금 이 길을 선택했을 때 가족, 친구, 동료가 날 어떻게 생각할까?'

또한 우리는 '사람 아닌 것'에도 두려워한다. 2017년 포항에서 일어난 지진, 111년 만에 찾아온 2018년 최악의 폭염 등 자연재해가 닥치면 전국이 공포에 떤다. 또 사람은 특정 동물과 벌레, 아니면 세상에 존재하지 않는 악령 같은 것을 무서워한다. 이뿐만 아니라 현대인은 불법 촬영, 랜섬웨어, 개인정보침해 등 기술 발전으로 인한 두려움에서도 자유롭지 않다. 최근에는 SNS의 영향으로 포모증후군FOMO Syndrome도 등장했다. 포모증후군이란 세상 흐름에 자신만 고립된 것 같은 공포감, 즉 '최신 유행에 나만 뒤처지는 것 같은 두려움'을 의미한다. 이처럼 정신병에 걸리지 않는 게 이상할 정도로 현대인은 수많은 두려움 속에서 산다.

직장인은 무엇이 가장 두려울까? 존 디마티니는 《최고들이 사는 법》에서 성공을 막는 일곱 가지 두려움을 진단했다. 아래는 간략하게 정리한 내용이다.

1. 권위자의 도덕과 윤리를 반대하는 데서 오는 두려움.
2. 똑똑하지 못한 두려움.
3. 실패에 대한 두려움.
4. 돈을 잃거나 벌지 못하는 두려움.
5. 좋아하는 사람을 잃는 두려움.
6. 거부당하는 두려움.
7. 젊음이나 외모 같은 육체 조건을 갖추지 못한 두려움.

직장 생활을 돌아볼 때 나를 지배했던 두려움도 이 일곱 가지에서 벗어나지 않는다. 대표적인 예로 유통사는 근거리에 경쟁사가 들어서면 매출 방어를 위한 대안을 세워야 한다. 고객을 붙잡기 위한 가장 쉬운 방법은 상품 가격을 낮추는 것이다. 리더는 상품

가격을 낮추고 물량을 확보하라고 지시한다. 권한은 없고 책임만 있는 실무자는 협력 업체를 압박해 비용을 전가한다. 흔히 말하는 갑질이다. 이런 상황에서 도덕과 윤리를 주장하며 리더에게 항명하는 직장인이 있다면 회사에서 그의 미래는 어떻게 될까?

한편으로 나는 직장 생활을 통해 두려움을 극복하기도 했다. 거부당하는 두려움이 그것이다. 영업부는 항상 실적 압박에 시달린다. 늘 상식적으로 달성하기 힘든 목표가 떨어진다. 수치에 기반을 둔 논리적인 근거로 "이 목표는 도저히 달성 불가능합니다"라고 정말 큰 용기를 내어 말한 영업맨에게 돌아오는 말은 뻔하다. "그 일을 해내라고 회사는 당신에게 월급을 주는 것입니다."

거부당하는 두려움을 극복하려면 일단 최악의 상황을 생각해야 한다. 처지를 바꿔 내가 같은 제안을 받았을 때 어떻게 반응할지 미리 최악을 상상하면, 그 이상의 사태는 잘 발생하지 않는다. 영업부에서 수년간 근무하며 수백, 수천 번을 거부당하니 어느새 두려움이 사라졌다. 낯가림도 심하고 상대를 지나치게 의식했던 나는 직장 생활을 통해 생면부지에게도 두려움 없이 연락해 미팅을 성사하는 직장인으로 변했다.

가득이심리상담센터 박경은 대표는 모든 인간은 기본적인 두려움에 의해 움직인다며 "두려움은 희망을 생각하게 만들기에 자신의 무한한 가능성을 열게 해주는 역할도 한다. 현실을 직시하는 것이 결국 두려움에서 벗어나는 것"이라고 강조했다.

죽음이라는 종착역을 향해 나아가는 인생의 시간은 한정되어 있다. 우리는 매 순간 두려운 선택을 해야 한다. '지금이냐 나중이냐'의 시간 선택과 '사느냐 죽느냐'의 생명 선택이 그것이다. 주변 30대 직장인 중 상당수가 나중에 행복하려면 지금을 포기할 수밖에 없다고 말한다. 하지만 그들은 동시에 지금 죽을 것 같은데 나중에는 살 수 있을지 두려워한다. 나 역시 시간 선택과 생명 선택은 두려운 과제다.

나는 지금의 두려움을 긍정하기로 했다. 두려움은 눈과 같아서 피하면 눈덩이처럼 불어나지만, 부둥켜안으면 사르르 녹아내린다. 현실을 직시할 때 두려움이 선물해 주는 희망을 발견한다. 그것은 내 안의 무한한 가능성이다. 두려움으로 가득한 30대, 지금은 자신의 무한한 가능성을 발견할 시간이다.

7 어느 방향으로
   달려가야 할까?

"와! 이렇게 넓고 맑은 하늘이 있다니!"

참을 수 없는 탄성이 튀어나왔다. 새하얀 뭉게구름을 품은 파란 하늘. 그 광활함 속에서 알 수 없는 분노가 꿈틀거렸다. '그동안 속고 살았었구나. 같은 하늘인데 서울과 이렇게 다르다니….'

나는 서울 촌놈이다. 빼곡한 빌딩 숲 사이로 빼꼼히 보이는 서울의 뿌연 하늘밖에 몰랐던 나는 대학생 때 호주에서 새로운 하늘을 보았다. 여행 도중 길에 선 채로 호주 하늘에 감탄해서 울었고, 서울 하늘에 억울해서 또 울었다.

호주에서의 감동이 희미해질 때쯤 군대에 갔다. 군대는 정말로 신세계였다. 모든 남자의 군대 이야기에는 공통점이 있다. 본인이 가장 힘든 부대에 배치받았고, 그 부대에서도 자기가 가장 힘들었다고 말한다. 나의 군 생활 역시 그랬다. 부하를 지독하게 괴롭히는 상관 때문이었다.

사람이 죽으라는 법은 없나 보다. 정신이 피폐해졌을 때 전라북도 김제시에 있는 부대로 전출 명령이 났다. 김제에 도착하자 아련하게 꿈에서 본 듯한 풍경이 펼쳐졌다. 분명 처음 가는 길인데 이상하게 친숙했다. 하늘을 멍하니 바라보다 불현듯이 떠오른 기억. '아, 호주에서 봤던 그 하늘이구나!'

김제는 국내에서 유일하게 하늘과 땅이 맞닿은 지평선을 볼 수 있는 곳이다. 앞이 보이지 않던 군 생활, 사방이 막힌 듯 암울하고 답답했던 그때 고개를 드니 하늘이 있었다. 우리나라에서 볼 수 있는 가장 아름다운 하늘 아래 나는 전율했다. 나를 잊지 않고 찾아와 준 하늘이 고마워서, 너무 고마워서 울었다.

힘들 때면 하늘을 보며 남은 군 생활을 잘 마쳤다. 군복은 벗었지만, 전쟁에서 벗어날 수는 없었다. 전역과 동시에 취업 전쟁을 치렀다. 사선을 넘나들며 취업 전선을 통과하자 이번에는 직장이라는 전쟁터에서 살아남아야 했다. 앞만 보며 10년간 열심히 달린 직장인, 나는 땅만 보며 달리는 경주마가 되어 있었다.

경주마와 직장인은 비슷한 운명에 처해 있다. 가면을 쓰고 재갈을 문다. 조련사에게 끌려다니며 똑같은 트랙을 반복해서 뛴다.

하지만 지루해하지 않는다. 매일 경쟁 속에서 늘 긴장하며 살기 때문이다. 일등만 기억하는 더러운 세상 속에서 일등의 몸값은 오른다. 조련사의 당근과 채찍에 길들어 앞만 보며 뛰고 또 뛴다. 그렇게 야성을 잃고 늙어버리면 조용히 트랙 밖으로 사라진다.

현대인은 급변하는 시대 속에서 늘 불안하다. 많은 사람이 정해진 트랙 같은 삶에서 안도감을 얻으려고 한다. 세상이 정해놓은 좋은 대학, 훌륭한 직장, 행복한 결혼, 평안한 노후를 좇는 동시에 그것들에 쫓기며 살아간다.

대한민국은 단기간에 한강의 기적을 이룬 세계 12위의 경제 대국이자 한류 열풍으로 문화 강국을 이룬 나라다. 그러나 지금 이 나라의 초등학생은 건물주를 꿈꾼다. 앞만 보며 달려온 결과, 자라는 새싹이 불로소득을 꿈꾸는 나라가 되어버렸다.

모 경제 잡지에 월 임대 수익이 약 17억 원인 어느 건물주의 일과가 소개되었다. 아침 7시에 기상하면, 8시에 식사하고 뉴스를 시청한다. 그다음 9시에 골프 연습장으로 이동해 레슨을 받으며, 11시에는 연습장 회원들과 회동을 가진다. 12시면 특급 호텔로 가 사우나를 하고 점심을 먹는다. 오후 2시에 귀가한 후 3시에 자택으로 방문한 건물 관리자에게 빌딩 관련 특이 사항을 보고받는다. 주 1회 부인과 백화점 쇼핑은 물론, 주말이면 필드에 나가거나 별장에서 휴식한다. 분기별 한 번 이상 해외여행은 기본이다.

부럽지 않다면 거짓말이다. 일도 안 해본 초등학생이 벌써 이런 생활을 꿈꾸는 것이 놀랍기만 하다. 그만큼 매일 학교, 학원, 과외로 이어지는 요즘 초등학생의 삶도 녹록지 않다는 방증이다. 건물주를 보며 흙수저는 깊은 씁쓸함을 느낀다. 건물주는 대부분 증여나 상속으로 부를 대물림 받는다. 평범한 사람은 평생 일해도 만지기 힘든 돈을 '갓물주'는 용돈처럼 손쉽게 벌어들인다.

돼지는 하늘을 볼 수 없다. 언제나 땅만 보며 킁킁거릴 뿐이다. 그러나 돼지도 하늘을 볼 수 있는 유일한 방법이 있다. 바로 자빠지는 것이다. 돼지가 자빠지면 네 발을 딛고 있던 땅이 하늘로 변한다. 돼지는 그렇다 치자. 나는 고개를 들어 언제든 하늘을 볼 수 있는데 왜 앞만 보며 가는 걸까?

아기는 일어나 걷기까지 하루 평균 20번, 통상 3천 번 넘어진다고 한다. 걸어 다니는 우리 아기를 보며 대단함과 대견함을 느낀다. 넘어지지 않으면 일어설 수 없다. 넘어지는 두려움을 극복하는 유일한 방법은 두렵지 않을 때까지 반복해서 넘어지는 것이다. 넘어지고 일어서는 과정을 통해 두려움은 점점 사라지고, 다리 근육은 점점 단단해진다.

지금 우리 모습은 어떤가? 넘어지지 않으려고 안간힘을 쓰며 달려가고 있지는 않은가? 3천 번 넘어지며 걷게 된 자신을 잊은 채 말이다. 7전 8기의 노력을 미덕으로 여기는 사회에서 넘어져도 넘어지지 않은 척, 재빨리 일어서기 위해 애쓴다. 넘어지는 것을 실패한 삶으로 여기기 때문이다.

혜민 스님은 이렇게 말했다. "자신의 가치를 다른 사람에게 인정받고, 검증받고 싶어 하는 욕망이 우릴 약하게 만든다. 다른 사람에게 크게 피해를 주는 일이 아니라면 남 눈치 그만 보고, 정말로 하고 싶은 것을 하고 즐겁게 살자. 생각만 너무 하지 말고 그냥 해버려라. 내가 먼저 행복해야 세상도 행복하다. 내가 세상을 행복하게 할 수 있기 때문이다."

앞만 보고 달렸다면 잠시 멈춰보자. 인디언은 말을 타고 달리다 한 번씩 멈춰 서서 달려온 길을 되돌아본다. 영혼이 잘 따라오는지 살피기 위해서다. 우리도 그동안 영혼 없이 앞서갔던 시간을 잠시 멈추어야 한다. 저만치 뒤따라오는 지친 내 영혼을 기다려주자. 영혼이 충만한 내가 될 때 비로소 인생의 올바른 방향을 발견한다.

넘어지는 것은 실패가 아니다. 내가 원하는 대로 일이 잘 풀리지 않는다고 낙심하지 말자. 일이 잘 풀리기만 한다면 계속 앞만 보고 갈 것이다. 마치 하늘을 보지 못하는 돼지처럼 말이다. 원하지 않았던 결과 뒤에는 미처 원하지 못했던 놀라운 일이 기다린다. 경주마 인생에서 야생마 인생으로 변하는 기적이.

경주마처럼 다들 한 방향으로만 뛰어가면 모두 경쟁자가 된다. 하지만 야생마처럼 각자의 방향으로 뛰어가면 모두 승리자가 된다. 잠시 멈추고 하늘을 바라보자. 파란 캔버스에 나만의 길을 그려보자. 나는 어느 방향으로 달려갈 것인가?

8 주중에도
행복하고 싶다

전원주택에 살았을 때 턱시도를 입은 귀빈이 집에 불쑥 찾아온 적이 있었다. 집 구석구석을 둘러보더니 한곳에 자리를 잡고 앉았다. 귀빈은 따사로운 햇살을 후광 삼아 우아한 자태를 뽐내었다. 머리에 기름까지 바르고 쫙 빼입은 귀빈과는 달리 나는 까치집 머리에 팬티 바람이었다.

귀빈의 정체는 바로 제비였다. 동화책에서나 보던 제비를 실제로 만나다니. 윤기가 흐르는 깃털을 가진 제비는 아담하고 예뻤다. 또 물 찬 제비라는 말처럼 날렵하게 생겼다. '제비족'이라는 이름이 왜 생겨났는지 알 것 같았다. 아마 날렵하게 잘생긴 제비를 빗대어 제비족이라 명명하지 않았을까? 동화 속 제비는 '정의의 심판자'다. 박씨로 흥부를 돕고 놀부를 응징했다. 정의로운 제비는 제비족이라는 오명에 치를 떨 것이다. 청와대 국민청원 게시판에 '제비 광명 찾아주기' 청원이라도 해야 할까?

제비처럼 억울하게 오명을 쓴 동물이 또 있다. 충성스럽고 귀여운 동물, 강아지다. 사랑스러운 강아지는 '개의 새끼'라는 이유로 욕설의 주인공이 되어버렸다. 사람에게 평생 충성하는 강아지 입장에서는 분통 터질 일이다.

과연 동물만 억울할까? 직장인에 의해 오명을 쓴 요일도 있다. 바로 월요일이다. '월요병'을 앓는 직장인에게 월요일은 공공의 적이다. 일곱 개 요일 중 하나이고 주중에 첫 번째로 등장할 뿐인데, 월요일은 몹시 억울하다. 튀어나온 못이 얻어맞듯이 월요일도 주중에 첫 번째로 튀어나와 타박받는 걸까?

월요병은 월요일마다 육체적, 정신적 피로를 느끼는 증상인데 원인은 주말에 있다. 주말에는 평상시 생활 리듬이 쉽게 깨진다. 이 상태로 월요일에 출근하면 몸과 마음이 힘들어진다. 의사들은 주말에 평상시와 같은 수면 시간을 유지하면 월요병 극복에 도움이 된다고 말한다.

월요일은 또한 회사의 편의를 위해 희생된다. 회사 리더는 직원에게 최소 비용을 들여 최대 이익을 내야 한다. 월요일이 오기만을 기다렸다가 업무 지시라는 형태로 직원에게 최대한 빨리 마음의 짐을 털어버린다. 월요일부터 직원을 굴려 한 주간 효율의 극대화를 꾀한다. 월요일만 되면 회사에서는 죽어라 회의를 한다. 리더의 일장 연설을 들으며 버티는 시간, 나는 혼잣말로 읊조린다. "회의 때문에 회의를 느끼는 게 직장 생활이구나…."

직장인이 주중에 가장 좋아하는 요일은 무엇일까? 당연히 금요일이다. 마치 크리스마스이브에 설레는 것처럼 주말을 앞둔 금요일 밤은 '불금'이다. 주말이 와야 비로소 즐거워지는 대한민국 직장인, 주중에도 즐거울 수 있을까? 우리는 주중에도, 주말에도 모두 즐거워야 한다. 우리에게는 매일 즐겁고 행복할 권리가 있으니까.

어쩌면 우리는 일을 되도록 하지 않을 수만 있다면 정말 행복해지리라는 착각에 빠져 있는지도 모른다. 일 자체에 모든 책임을 전가하면서 말이다. 프랑스 철학자 블레즈 파스칼은 "신이 인간을 창조할 때 마음속에 큰 허공을 만들었다. 그런데 이 빈 허공, 빈 마음을 쉽게 채울 길이 없다"라고 말했다. 중요한 건 삶에서 일을 얼마나 덜어낼지에 있지 않다. 오히려 의미 있는 일로 어떻게 삶을 가득 채워갈지에 진정한 행복이 깃들어 있다.

주중에도 즐거우려면 월요일이라는 첫 단추부터 잘 채워야 한다. 월요병 극복을 위해 월요일이 최악이라는 생각부터 바꿔보면 어떨까? 그동안 직장인에게 월요일은 욕받이 역할을 성실하게 수행해 왔다. 그러니 이제는 '월요일 광명 찾기'를 위해 금요일 편애를 멈추고 모든 요일과 골고루 사랑을 나누자.

먼저 나 자신의 태도를 바꿔야 한다. 삼성서울병원에서는 월요병 극복을 위해 식습관과 스트레칭을 강조한다. 에너지와 영양소의 원활한 공급을 위해 아침 식사를 꼭 하는 것이 좋다. 신선한 채소와 과일, 충분한 수분 섭취는 피로 회복에 도움이 된다. 평소 걸리기 쉬운 어깨 근육을 중심으로 스트레칭까지 한다면 한결 가벼운 발걸음으로 월요일을 시작할 수 있다.

회사는 돈을 주고 다양한 사람을 만나게 해주며 일을 알려주는 곳이다. 배울 게 없는 선배도 반면교사 삼으면 배우지 말아야 할 것을 습득할 수 있다. 회사를 떠날 게 아니라면 회사의 단점보다는 장점에 집중하는 것이 정신 건강에 이롭다.

주중에 일터에서도 즐거운 직장인이 되려면 일의 긍정적 의미를 되새기며 스스로 동기부여 하는 수밖에 없다. 태도를 바꾸었지만, 여전히 직장에서 아무런 동기부여가 되지 않는다면? 그때는 떠나야 한다고 생각한다. 행복하게 살아도 짧은 인생인데 죽지 못해 사는 인생이어서야 되겠는가. 하지만 직장을 떠나 이직하거나 사업하는 지인들의 말을 들어보면 훨씬 더 처절한 삶을 실감한다. 물론 철저한 준비를 하고 떠났을 때 훨씬 더 만족한 삶을 사는 사람도 있다.

나는 주중에도 행복한 직장인일까? 끊임없이 태도를 바꾸며

10년의 직장 생활을 했다. 일터에서 보람과 성취를 느끼며 즐거울 때도 있지만 여전히 주말을 애타게 기다린다. 내가 이 회사에 다녀야 하는 이유보다 떠나야 하는 이유가 더 잘 떠오르기도 한다. '서른춘기'를 맞이한 나는 머릿속 복잡한 생각을 정리하려고 틈틈이 글을 쓴다.

얼마 전 우연한 기회로 김난도 교수의 트렌드 강연에 다녀왔다. 2020년을 주도할 여러 트렌드 중 인상적인 키워드는 '멀티 페르소나'였다. 페르소나는 원래 연극배우가 쓰는 탈을 뜻하는데, 현대인은 가면 여러 개를 상황에 맞게 바꿔 쓰며 살아간다는 것이었다. 요즘 세대는 SNS 계정도 '린스타(진짜 계정, real instagram account)'와 '핀스타(가짜 계정, fake instagram account)'를 동시에 운영한다. 그러면서 린스타에는 세련된 모습을, 핀스타에는 진솔한 모습을 노출한다.

김난도 교수는 이를 알트탭(Alt+Tab)에 비유했다. 컴퓨터 키보드의 알트탭을 누르듯 언제든 빠르게 모드 전환을 하며 급기야 덕질과 직업의 경계를 허물어 '덕업일치'를 이루는 사람이 늘고 있다. 일만 하는 나에서 벗어나 일도 하는 나로, 나아가 '나다운 나'로 살아가려는 의미 있는 현상이다. 주중에도 행복할 수 있는 하나의 힌트가 되지 않을까?

하지만 자칫 감정적이고 쾌락적인 페르소나에만 집착한다면

'조커'와 같은 위험한 자아가 만들어질 수 있음을 경계해야 한다. 그렇다면 근본적인 삶의 균형감을 찾기 위해 어떻게 해야 할까? 죽음을 앞둔 자들의 말에 주목할 필요가 있다. 그들은 어떻게 살아야 후회가 남지 않는지 전심으로 알려주기 때문이다.

일본의 오츠 슈이치 박사는《죽을 때 후회하는 스물다섯 가지》에서 말기 환자 1천 명의 고백을 담았다. 그들이 가장 많이 하는 후회는 이것이었다. '사랑하는 사람에게 고맙다는 말을 많이 했더라면….'

나만의 소확행을 누리는 방법으로 글쓰기 외에 '매일 사랑하는 사람에게 고맙다고 말하기'를 추가했다. 후회를 줄이려고 애쓰는 것이 삶에 대한 최소한의 예의라는 생각이 들어서다. 만일 어제 죽은 사람이 그토록 살고 싶었던 오늘을 얻는다면, 가장 먼저 무엇을 할까?

오늘 퇴근길에 작은 케이크를 하나 사서 사랑하는 사람과 작은 파티를 열어보자. 그리고 고맙다고 말해보자. 평범한 날이 특별한 날로 변하는 기적이 일어날 것이다. 달력에 빨간 날이 몇 개나 있는지는 중요하지 않다. 사랑하는 사람과 소소하게 매일을 특별한 날로 만들어가면 되니까.

세
번
째

기
회

관
계

친구를 얻고 싶으면
스스로 완전한 친구가 되어야 한다.

- 랄프 왈도 에머슨

1 거울을 깨뜨리고
나를 만나다

미국 사회학자 찰스 호튼 쿨리는 "자아는 처음부터 사회적이다"라고 밝히며 '거울 자아 이론'을 제시했다. 거울 자아 이론이란 거울 속 자신을 보는 것처럼 타인이 보는 자신의 모습에 대한 인식이 자아를 형성하는 데 영향을 미친다고 보는 이론이다. 즉, 타인의 의견에 반응하면서 '사회적 자아'가 형성된다는 개념이다.

가수 에일리가 방송에서 눈물을 흘려 화제가 되었다. 한국의 비욘세라 불리며 폭발적인 가창력을 보이는 그는 혹독했던 다이어트 경험을 떠올리며 울먹였다. 하루에 500칼로리만 먹고 살을 뺐다고 입을 뗀 그는 "당시 49킬로그램 정도 나갔다. 보기엔 좋았겠지만 가장 우울했던 시기였다"라고 고백했다. 이어 "살을 빼면 노래가 잘 안 나오게 된다. 잘 나왔던 고음도 힘들어지면서 내 실력의 백 퍼센트를 못 보여준다는 생각에 우울했었다"라고 털어놔 안타까움을 주었다. 하지만 이제는 신경 쓰지 않으며 지금 행복하고, 내 노래에 만족하는 게 중요하다고 말해 많은 응원을 받았다.

SNS에서 자신의 글에 달린 댓글이나 공감 숫자를 보고 점점 그들의 기대에 부합하려는 방향으로 행동하는 것도 거울 자아 이론의 한 사례이다. SNS가 활성화되며 관심을 받고 싶어 하는 사람을 뜻하는 '관심종자', 줄여서 '관종'이라는 단어도 널리 쓰이기 시작했다. 관종을 넘어 유명 연예인 못지않은 인기를 누리는 SNS 스타, 소위 말하는 '셀럽'이 많아졌다. 티브이에 출연하고 연예 활동을 하지 않아도 유명해지는 세상이 열렸다.

자연스럽게 타인의 삶을 엿보는 SNS 시대에서 비교 의식 때문에 상대적 박탈감에 빠지는 사람이 늘어났다. 외모, 재력, 인기 등 모든 걸 다 갖춘 듯 보이는 SNS 스타라고 해서 행복한 것은 아니다. 팔로어 50여 만 명을 지닌 호주의 에세나 오닐은 "소셜 미디어는 환상"이라는 말과 함께 자신의 SNS 계정을 모두 중단했다.

에세나 오닐이 그동안 올린 사진에는 수천 개의 '좋아요'가 달렸고, 그는 협찬받은 의상을 입은 사진을 올리는 대가로 많은 수입을 올렸다. 하지만 "몇 시간씩 인터넷 속 '완벽한 소녀'들을 보며 나도 그들과 같기를 원했다. 결국 그들과 같아졌지만 전혀 행복하지도, 만족스럽지도 않았다"라고 고백했다. 또 여드름이 났었는데 화장으로 매끄러운 피부를 만들고, 관심을 끌기 위해 억지로 꾸며 낸 몸매로 비키니를 입었다고 털어놓았다.

에세나 오닐의 경우는 타인의 기대가 자아상에 부정적인 영향을 끼친 예라고 할 수 있다. 인간은 참 모순적이다. 제발 나에게 관심을 꺼주기를 바라면서 아무도 관심을 주지 않으면 우울해한다. 몇 년 전 나는 서점을 강타했던 《미움받을 용기》를 읽고 신선한 충격을 받았다. 타인의 시선을 지나치게 의식했던 나는 스스로 억압된 채 살아왔었다. 혼자 식당에서 밥을 먹거나 홀로 영화를 보러가는 일은 있을 수도 없는 일이었다. 혼자 여행을 간다는 건 더더욱 상상할 수 없었다. 친구도 없는 불쌍한 사람처럼 보일까 봐 두려웠다.

《미움받을 용기》를 읽으며 나는 작은 해방감을 느꼈다. 타인은 나에게 별로 관심이 없음을 깨달았다. 그러고 보니 나도 스쳐 지나가는 타인에게 그다지 관심이 없다는 사실을 인지하자 용기가 생겼다. 타인의 눈치를 보지 않고 자유로운 나를 만나고 싶었다. 그때 나는 식당에서 홀로 밥을 먹고 혼자 영화관을 찾았다. 생각보다 불편하지 않았다. 그동안 왜 그렇게 지나치게 타인의 시선을 의식했었는지 원통했다. 결국, 홀로 해외여행을 떠나는 용기도 발휘했다.

일주일간 터키에서 혼자만의 시간을 보냈다. 그동안 잃어버렸던 나를 발견한 느낌을 받았다. 특히, 땅에서 벗어나 열기구로 하늘을 날 때 내 마음은 극에 달했다. 하늘 위에서 개미만큼 작아진 사람들을 내려다보면서 이제까지 나는 무엇을 위해 그리 아등바등 살아왔는지 회의감이 들었다. 그러자 인생에서 무엇이 가장 중요한지 생각해 보게 되었다. 어머니를 여읜 지 얼마 되지 않았을 때라 그랬을까. 나는 앞으로 남은 인생을 사랑하는 사람을 진정으로 사랑하는 데 써야겠다고 마음먹었다. 나 자신도 진심으로 사랑하겠다고 다짐하며.

거울속에는소리가없소
저렇게까지조용한세상은참없을것이오

거울속에도내게귀가있소
내말을못알아듣는딱한귀가두개나있소

거울속의나는왼손잡이오
내악수를받을줄모르는 ─ 악수를모르는왼손잡이오

거울때문에나는거울속의나를만져보지를못하는구료마는
거울아니었던들내가어찌거울속의나를만나보기만이라도했겠소

나는지금거울을안가졌소마는거울속에는늘거울속의내가있소

잘은모르지만외로된사업에골몰할게요

거울속의나는참나와는반대요마는
또꽤닮았소
나는거울속의나를근심하고진찰할수없으니퍽섭섭하오

— 이상, 〈거울〉

　　시인이자 소설가인 이상은 '거울 밖의 나'와 '거울 안의 나'의
분열을 표현한 〈거울〉을 통해 거울 속 자아를 고찰했다. 대단한 통
찰력이 돋보이는 시다. 특히, 나는 3연의 악수 장면에서 소름이 돋
았다. 악수할 수 없는 거울 속 나는 타인의 시선에 갇혀 지냈던 거
울 자아였던 것이다. 타인에 의해 만들어진 나는 참된 자아와 반대
로 행동한다. 시인은 반대의 모습이지만 또 꽤 닮은 거울 속 나를
보고 "근심하고진찰할수없으니퍽섭섭하오"라며 비통해한다.
　　〈거울〉은 마치 관계 속 체면 문화가 지배하는 대한민국에서 사
회인으로 살아가는 삶을 노래하는 것 같다. 프랑스 소설가 알베르
카뮈는 "인간은 자신이 되기를 거부하는 유일한 생명체"라고 했
다. 거울 속 나와 거울 밖 나는 자신이 되기를 거부한 채 단절되어
있다. 이 두 자아는 어떻게 화해의 악수를 할 수 있을까?
　　구글 최고의 엔지니어인 모 가댓은 과거 어느 날 거울 안에 있

는 자신을 보고 문득 이런 생각이 들었다고 한다. '이건 내가 아냐. 더 이상 이렇게 살아선 안 돼.' 그는 누구나 부러워하는 직장과 가정, 많은 돈을 가졌지만 행복하지 않았다. 최고급 자동차 롤스로이스를 두 대나 샀지만, 우울함을 떨치지 못했다. 타인과의 비교 의식 속에서 점점 더 자신을 몰아세우던 그때, 그는 거울을 보며 위기의식을 느낀다.

모 가댓은 2001년부터 행복을 연구하기 시작해 2017년에 저서 《행복을 풀다》를 냈다. 저서에는 맹장염 수술을 받던 아들이 의료 사고로 갑작스레 세상을 떠난 후의 심경을 밝혔다. "당시 슬픔은 말로 표현하기조차 어렵다. 알리는 원래 말이 없는 아이였는데 입원하기 이틀 전 온 가족을 불러놓고 이런저런 이야기를 했다. 나에게는 '아빠가 구글에서 일하는 게 자랑스러워요. 하지만 뇌의 목소리에만 귀를 기울이지 말고 아빠의 마음이 시키는 일을 했으면 좋겠어요'라고 하더라." 왜 갑자기 그런 이야기를 하는지 의아했지만, 며칠 지나 행복에 관한 책을 쓰는 일은 아들이 자신에게 부여한 임무라는 걸 알게 되었다고 한다. 그래서 아들의 사망 후 17일째 되던 날 글을 쓰기 시작했다고 말했다.

뇌의 목소리는 바닷물과 같다. 아무리 마셔도 갈증만 더 심해질 뿐이다. 더 많은 부와 명예, 권력 등 끝없는 욕망의 바다를 노력으로 채우고자 한다면 시시포스의 형벌을 자처할 뿐이다. 모 가댓은 행복 전도사로서 1천만 명을 행복하게 만들겠다는 꿈을 꾼다. 타인에게 보여주기 위한 일이 아닌 자신의 마음이 시키는 일을 했을 때 진짜 나를 발견한 것이다.

마음의 목소리는 달의 인력 같아서 욕망의 바다를 썰물처럼 빠져나가게 한다. 그러면 두근두근 뛰는 심장의 떨림이 마음 가득 울려 퍼진다. 지금까지 거울 자아에 신경 써왔다면 이제는 거울을 깨뜨리고 진정한 나를 만났으면 한다.

초현실주의 화가 살바도르 달리는 "내 최고의 꿈은 살바도르 달리가 되는 것이다"라고 했다. 30대, 내 최고의 꿈은 무엇인가? '나 자신이 되는 것'을 최고의 꿈으로 선택해 보면 어떨까.

2 부족한 나를
그대로 사랑하려면

우리는 중독 사회에 살고 있다. 사회 곳곳에는 약물, 알코올, 도박, 게임 등에 중독된 사람이 많이 퍼져 있다. 또한, 사람들은 일, 커피, 쇼핑, SNS 등에도 중독되어 허우적거린다. 중독은 그 종류와 경중을 떠나 모두 심각한 질병이다. 나는 직장에서 일 중독자가 알코올 중독자만큼이나 위험하다는 것을 몸소 체험했다.

최근 잡코리아가 '일 중독workaholic 현황'을 조사한 결과, 직장인 10명 중 3명이 자신을 '일 중독자'라고 답했다. 연령대와 직급이 높을수록 스스로 일 중독자라고 생각하는 비율이 높았다. 직장인 10명 중 4명은 업무가 많아 퇴근 후 집에서도 나머지 업무를 한 경험이 있는 것으로 나타났다.

일 중독이란 '계속 일을 하여, 일하지 않으면 오히려 불안하게 여기는 상태'를 비유적으로 이르는 말이다. 직장 생활에서 일 중독에 빠진 많은 상사를 보았다. 한 상사는 부하 직원의 가족 빈소를 찾아 문상을 마친 후 장례식장 복도 한편에서 함께 간 직원들을 모아놓고 업무 회의를 했다. 서른 명쯤 되는 검은 옷 입은 남자들이 복도에 둘러서 있으니 지나가던 사람들이 힐끗힐끗 쳐다보았다. 우리는 조직 폭력배가 아니라고 해명하고 싶었지만, 상사의 끝이 보이지 않는 일장 연설을 들으며 무력하게 서 있을 뿐이었다.

또 한 상사는 나에게 일요일 새벽에 메일을 보내놓고 월요일 오전에 왜 업무가 처리되지 않았는지 질책했다. 그뿐 아니다. 전날까지 야근하며 일을 미친 듯이 해놓고 출산 휴가를 겨우 떠났는데 휴가 내내 상사는 전화 수십 통은 물론, 긴급회의로 나를 회사에 소집까지 하려고 했다. 나는 정중하게 갈 수 없는 상황이라고 설명했다. 물론 나름의 중요한 이유로 긴급하게 나를 찾았겠지만, 그 상사에게는 평소에도 중요하지 않고 긴급하지 않은 일이 없었다. 아내는 급한 일이 있으면 회사에 가보라고 했지만 나는 산후조리 중인 아내와 갓난아이를 위해 끝까지 집에서 버티며 휴가를 사수했다. 과연 내가 빠져서 회사에 엄청나게 큰일이 일어났을까? 회사는 아무 일 없이 아주 잘 돌아가고 있었다.

《출근하자마자 퇴근하고 싶다》의 조명국 작가는 '바쁨 중독'이라는 말을 소개했다. 바쁨 중독이란 바쁘지 않으면 불안한 마음이

들고 시간을 대부분 무언가에 열중해 바쁘게 지내는 상태를 의미한다. 앞서 소개한 두 상사 모두 야근을 일삼으며 일하는 바쁨 중독자였다. 늘 뒤처지면 안 된다는 불안감으로 무조건 열심히 살아야 한다고 생각하는 것이다.

조명국 작가는 우리가 어릴 때부터 늘 사회와 부모로부터 평균보다 높은 상태를 강요받아 왔다며 "우리는 스스로가 평균보다 높은 상태일 때에는 다소간 자신감이 높아지곤 했지만, 평균보다 낮은 상태에는 스스로를 실패자 혹은 부족한 사람으로 바라보게 되었다"라고 지적했다. 또한 부정적인 존재로 인식되고 싶지 않아 '평균'에 포함되려고 부단히 노력해 왔으며, 큰 문제는 이 평균이 실제보다도 너무 높게 형성되었다는 데 있다고 진단했다.

설문 결과, 우리나라 중산층 기준은 빚 없이 아파트 30평 이상, 500만 원 이상의 월수입을 비롯해 2천 시시 이상의 중형차, 예금잔고 1억 이상, 마음 놓고 1년에 한 번 이상 가는 해외여행까지 총 다섯 가지를 충족해야 했다. 이 비정상적인 기준이 평균이라고 생각하니 국민의 70퍼센트 이상이 자괴감에 빠지는 것도 무리는 아니다. 지금 평균에도 미치지 못하는 부족한 나는 뭐라도 열심히 하지 않으면 불안해 못 견디는 것이다.

바쁨 중독은 정신적, 신체적으로 고통을 준다. 앞서 언급한 한 상사는 본인 스스로 "정신병이 있는 것 같다"라고 고백했고 또 다른 상사는 말하기 힘들 정도로 건강이 심각하게 안 좋은 상태다.

자신이 바쁨 중독자라고 생각되면 스스로 이렇게 질문해 보는 것이 좋다고 한다. "여가는 하나도 없고 일하기 위해서만 태어났나?", "늘 누군가에게 인정받기 위해서 태어났나?", "주말에도 못 쉬고 자기 개발 하려고 태어났나?"

행복지수 1위 국가 덴마크에는 '지금 잘하지 않아도 괜찮다'는 정신이 문화로 정착되어 있다. 일등을 해도 만족하지 못하고 불안해하는 우리 문화와 대조적이다. 덴마크를 14번이나 찾은 오마이뉴스 대표이사 오연호는 '지금 잘하지 않아도 괜찮다'는 사고방식을 지니면 안정감을 유지하고 담대하게 도전하며 부족한 사람을 깔보지 않는다고 했다. 부족한 나를 그대로 사랑할 수 있기 때문이다.

아내와 오랜만에 추억의 애니메이션 〈토이 스토리〉를 보았다. 이 영화는 1995년 픽사가 월트 디즈니와 함께 제작한 최초의 3D 애니메이션이다. 장난감들의 우정과 모험담을 그린 스토리로 세계 흥행작이 되었다. 20여 년 만에 성인이 되어 다시 보니 어릴 때는 미처 눈여겨보지 못했던 장면들이 새롭게 다가왔다.

그중 하나가 장난감들의 주인 꼬마 앤디가 벽에 선을 그으며 자신의 키를 재는 장면이었다. 어릴 적 추억이 소환되었다. 나도 벽에 발뒤꿈치를 대고 꼿꼿이 서 있으면 어머니가 정수리에 맞추어 선을 그어주곤 했다. 선이 점점 높아질 때마다 나는 마치 골리

앗이라도 된 듯 기고만장해졌다.

그런데 학교에 가면 늘 나보다 큰 친구들이 있었다. 나는 우주 전사 장난감 버즈가 그랬던 것처럼 현실을 받아들여야 했다. 버즈는 언제나 "무한한 공간 저 너머로!"를 외치며 날 수 있다고 믿었지만, 추락을 거듭하며 현실을 자각한다. 그러나 그는 좌절하지 않는다. 자신이 우주 전사가 아닌 장난감에 불과하다는 사실을 깨닫지만 그것을 인정하고 명대사를 남긴다. "이건 나는 게 아니야. 멋지게 떨어지는 거지!"

남과 자신을 비교하기 시작하면 불행해진다. 내가 아무리 잘나도 반드시 세상에는 더 잘난 사람이 있다. 내가 아무리 많이 가졌어도 세상에는 더 많이 가진 사람이 있다. 남과 비교하며 얻는 것은 자신의 초라함 뿐이다. 나보다 못한 사람과 비교하면 만족을 느끼지 않냐고 반문할 수 있다. 그러나 그것은 만족감이 아닌 상대적 우월감일 뿐이다.

우리는 남과 자신을 비교할 때가 아닌 나 자신을 극복할 때 만족을 느낀다. 어릴 때는 한 달 전보다 조금 더 자란 자신에게 뿌듯했고, 뛰어올라도 안 닿던 곳에 손이 닿았을 때 희열을 느꼈다. 나 자신과의 비교를 통해 어제보다 나은 오늘의 나를 지향할 때 우리는 행복하다. 지금 부족한 자신을 그대로 인정하고 사랑해야 날지 못해도 멋지게 떨어질 줄 아는 내가 된다.

3 평생 함께할 수 있는
친구가 누굴까?

20대 후반 리즈시절(전성기), 나는 키 180센티미터에 넓은 어깨를 장착하고 있었다. 나에게 우호적인 사람들은 나를 '듬직한 훈남'으로 평가해 주기도 했었다.

지난해까지만 해도 나는 육아휴직 중인 '육아빠'였다. 집에만 있다가 회사 동기 모임이 생겨 오랜만에 거울 앞에 선 어느 날이었다. 순간 눈을 의심했다. 거울에는 웬 배 나온 아저씨가 서 있었다. 멍하게 그를 바라보았다. 잠시 시간이 흐른 뒤 그가 바로 나라는 현실을 받아들여야 했다.

그런데 이상하게도 요즘 낯선 여자들이 나와 친구가 되고 싶다고 안달이다. 리즈시절에도 겪어보지 못한 일이다. 사건의 전말은 바로 페이스북 친구 요청을 가장한 성인 광고였다. 나는 페이스북에서 낯선 여자가 친구 요청을 하면 망설임 없이 바로 삭제를 누른다. 친구 잘못 사귀면 인생을 망치는 법이니까.

페이스북의 월간 이용자 수가 20억 명을 돌파했다. 이와 함께 트위터, 인스타그램, 카카오톡, 밴드 등 SNS의 사용 증가로 '친구'가 넘쳐나는 세상이다. 친구 과잉 시대가 도래한 것이다. 하지만 "얼굴 아는 이는 천하에 가득한데 마음 아는 이는 과연 몇이나 될까"라는 명심보감의 한 구절처럼 과연 나에게 진정한 친구는 몇 명이나 될까?

서른에서 마흔을 향해가는 길나들이에서 그동안의 인간관계를 돌아보게 된다. 10대에는 친구가 전부였고 우정과 의리가 인생 최고의 가치관이었다. '빽산(Back+산)'이라고 부르는 동네 뒷동산에서 몰래 두려움 반 설렘 반으로 마셨던 맥주, 학교 땡땡이치고 동해로 훌쩍 떠났던 여행, 2002년 월드컵 4강 진출 때 업소용 기름통을 북처럼 치며 놀았던 거리 응원 등 친구들과 함께했던 추억으로 채운 10대였다.

20대가 되자 대학 생활을 통해 좀 더 다양한 관계가 형성되었다. 동아리 활동으로 대학 동기들과 함께 보내는 시간이 상당했고 다른 학교와 교류하는 일도 많아졌다. 하지만 졸업반이 되자 취업을 위해 각자도생의 길을 걷기 시작했다. 인생 전부인 줄 알았던

10대의 친구도 20대에 뜸해졌듯 20대의 친구도 30대를 바라보는 길목에서 점점 멀어져 갔다. 취업에 실패한 친구는 쪽팔린다는 이유로, 취업에 성공한 친구는 바쁘다는 이유로 모임에서 보기 힘들어졌다.

30대에는 평일에 가족보다 더 많은 시간을 함께 보내는 사람들이 생겼다. 어른이라고 하기에도, 전문가라고 하기에도 아직은 어색한 30대에 직장 동료라는 새로운 인간관계가 불쑥 찾아왔다. 직장 동료는 과연 나와 어떤 관계에 있는 존재일까?

정신분석 전문의 김혜남 작가는 '직장 친구' 대신 '직장 동료'라는 말이 있는 이유를 생각해 보라며 "직장 동료와 친밀한 관계를 맺는 건 대개 바람직하지 않다"라고 말했다. 그는 직장에서 만난 관계에서는 시기심이나 우월감, 열등감, 경계심 등 부정적인 심리적 요소가 끼어들 여지가 많은 만큼 상처받을 확률이 높다고 설명했다.

참 복잡하고 미묘하다. 20대에는 마음을 터놓고 친구라고 부를 수 있는 관계 형성이 비교적 쉬웠다. 그런데 30대에 직장에서 만난 동료는 친구로 나아갈 수 없는 걸까.

김혜남 작가는 저서 《당신과 나 사이》에서 '너무 멀어서 외롭지도 않고 너무 가까워서 상처 입지 않을 거리를 찾는 법'을 제시한다. 먼저 가족과 나 사이에 필요한 거리는 0~46센티미터다. 이는 사랑의 거리로 만원 지하철 안에서 느끼는 불쾌감을 생각해 보면 쉽게 이해가 간다. 친구와 나 사이에 필요한 거리는 46센티미터~1.2미터로 손을 뻗으면 상대방에게 닿는 거리다. 개인 영역을 침범하지 않으면서도 곁을 지켜주는 것이다. 마지막으로 회사 사람과 나 사이에 필요한 거리는 1.2~3.6미터이다. 철저하게 공과 사를 구별하여 격식과 예의를 갖추어야 하는 관계다.

나는 학벌도, 돈도, 외모도 별로 내세울 것 없는 평범한 사람이지만, 친구 복 하나는 정말 타고났다. 나와 46센티미터~1.2미터 거리 안에 있는 친구 중 "너 아니었으면 난 죽었을 거야"라고 말해주었던 친구가 세 명이나 있기 때문이다. 오히려 그 친구들이 없었다면 내가 죽었을 수도 있었는데, 먼저 용기 내어 말하지 못한 게 미안할 뿐이다.

30년 지기 Y는 유치원 때부터 늘 실랑이를 벌이며 싸우기도 참 많이 싸웠다. Y는 책을 항상 끼고 살았다. 잡다한 책을 닥치는 대로 읽으며 쌓은 잡식은 최대 장점이자 단점이었다. Y는 수업 시간에 선생님에게 질문할 것도 대답할 것도 참 많았다. 그런데 혼자 잘난 척한다는 이유로 중학교 때 따돌림을 받았다. 결국, 곁에는 나만 남게 되었다. 나 역시 Y에게 잘난 척하지 말라며 화도 많이 냈다. 그러나 Y는 언제나 나를 진정한 친구로 생각해 주었다.

Y는 고등학교에서 아픔을 잘 극복하고 친구를 많이 사귀며 우수한 성적으로 대학생이 되었다. 성년이 된 어느 날 Y가 말했다.

"현중아, 내가 가장 힘들었을 때 너는 떠나지 않고 내 곁에 있어 줬어. 너 아니었으면 그때 나는 죽었을 거야." Y에게 미안했고 또 고마웠다. 우리는 지금도 서로 격려하며 30년 우정을 이어가고 있다.

20년 지기 P도 나에게 많은 영향을 끼쳤다. 중학교 때 같은 반이었던 P는 성적뿐만 아니라 성격도 좋아 친구들에게 인기가 있었다. 그리고 나와 개그 코드가 잘 통했다. 게다가 소름 돋을 정도로 비슷한 가정환경 덕분에 우리는 급속도로 친해졌다. 결손가정에서 자란 우리는 이야기꽃을 피우느라 함께 밤을 지새우는 날도 많았다.

P는 서울 상위권 대학에 진학했지만 만족하지 못하고 재수, 반수, 또 반수를 했다. P가 마지막 수능을 본 날이었다. 평소에는 술을 마셔도 절대 취하지 않던 친구가 그날은 이상하게 진탕 취해버렸다. 거리를 뛰어다니며 술주정을 부렸다. 차도를 가로지르는 위험한 상황이 몇 번 지난 후에 간신히 진정시킬 수 있었다. 그런데 P가 흐느끼기 시작했다. "너가 없었으면 나는 아마 죽었을 거야." 나를 끌어안고는 한동안 울었다.

대학생이 된 나는 점점 세상의 즐거움에 빠져들었다. 특히 입대 전에는 불타는 시간을 보내려고 발버둥 쳤다. 내 모습을 본 P가 뼈 때리는 충고를 해주었다. "요즘 너는 내가 아는 김현중이 아닌 거 같아. 좀 이상해졌어. 그런데 네가 곧 제자리로 돌아오리라 믿어." 순간 뒤통수를 세게 맞은 기분이었다. 그 한마디 덕분에 곧 정신을 차렸다. 그때 P가 충고해 주지 않았다면 나는 방황을 언제 멈추었을까?

10년 지기 L은 군대 동기로 만났다. L은 참 순수하고 강직했다. 다른 말로는 융통성이 별로 없었다. L은 위아래로 치이며 힘든 군생활을 했다. 나는 위로하고 싶었다. 그러던 어느 날 다사다난했던 나의 성장 과정을 L과 나누게 되었다. L은 무거운 표정으로 마음속 이야기를 털어놓았다.

L은 대학생 때 첫사랑을 따라 사이비 종교에 1년간 빠졌었다고 했다. 첫사랑에게 잘 보이려고 주변 지인을 그곳으로 열심히 끌어들였다며 몹시 괴로워했다. "요즘 군 생활도 힘든데 옛날 기억까지 나를 괴롭혀서 죽을 것 같았어. 네 이야기를 듣고 나니 힘이 되네. 너무 고맙다. 너 아니었으면 죽었을지도 몰라."

제대 후 몇 년이 지났을 때 우리 아버지도 똑같은 사이비 종교에 빠져버렸다. 몹시 근심하던 중 L에게 도움을 요청했다. L은 사이비 종교에서 1년 동안 쌓았던 내공으로 아버지의 3개월 경험을 무력화했다. L이 아버지를 살린 것이다.

30대 중반이 되니 어떤 친구는 결혼하고 아이를 낳아 바쁘다. 또 어떤 친구는 직장에서 자리 잡으랴 결혼 고민하랴 바쁘다. 나도 가정을 꾸리니 시간적 여유가 점점 없어진다. 친구들과 만나기가 쉽지 않다. 30대는 정말 잔인한 시간이다.

그러나 친구가 있기에 견딜 수 있다. 컴퓨터 키보드로 영문 'SNS'를 한글로 입력하면 '눈'이라는 글자가 된다. SNS 친구는 '눈으로만 보는 친구'라는 뜻이 아닐까? 페이스북 친구 최대한도 인 5천 명을 달성했다고, 인스타그램 팔로워가 몇 만 명이 넘었다 고 자랑하는 세상이다. 눈이 아닌 마음으로 사귄 나의 진짜 친구는 과연 몇 명일까?

프랑스 소설가 로맹 롤랑은 "무수한 사람들 가운데는 나와 뜻 을 같이할 사람이 한둘은 있을 것이다. 그것으로 충분하다. 공기 를 호흡하는 데는 창문 하나로도 족하다"라고 했다. 친구가 많지 않아도 괜찮다. 나를 숨 쉬게 해주는 창문 같은 친구 한 명만 있어 도 충분하다. 지금 생각나는 친구가 있다면 당장 연락해 보면 어떨 까? 친구야, 보고 싶다.

4 좋은 질문이
좋은 인생을 만든다

　"한국 기자들에게 질문권 하나를 드리고 싶군요. 누구 없나요?" 2010년 서울 G20 폐막 기자회견장에는 침묵이 흘렀다. 수많은 한국 기자 가운데 질문하는 사람이 단 한 명도 없었다. 미국 대통령 버락 오바마는 다시 기회를 주었다. 하지만 통역을 해주겠다는 권유에도 또다시 어색한 침묵만 흘렀다. 결국, 기회는 중국 기자에게 넘어갔다. 전 세계에 우리의 교육 현실을 적나라하게 보여준 부끄러운 장면이었다.

　오늘날 정치, 경제, 문화 등 여러 방면에서 세계를 이끌며 노벨상을 휩쓰는 유대인은 어려서부터 질문의 중요성을 교육받는다. 한국 부모는 자녀에게 "오늘 학교에서 선생님 말씀 잘 들었니?"라고 묻지만, 유대인 부모는 "오늘 학교에서 어떤 질문을 했니?"라고 물어본다. 유대인 교육의 핵심은, 질문을 통한 토론과 생각의 확장이다.

《질문력》의 저자 카와다 신세이는 "좋은 질문을 받으면 뇌는 자동으로 자기 안에 있는 답을 찾기 시작한다. 그 결과 새로운 발견과 깨달음, 혁신적 아이디어가 탄생하고, 그동안 느꼈던 막막함을 해소할 힘을 갖게 된다"라고 밝혔다. 질문은 생각의 힘을 길러준다. 생각이 바뀌면 행동이 바뀌고, 행동이 바뀌면 습관이 바뀌고, 습관이 바뀌면 태도가 바뀌고, 태도가 바뀌면 인격이 바뀌고, 인격이 바뀌면 운명이 바뀐다. 즉, 인생을 좌우하는 것은 질문이다. 그렇다면 우리는 어떤 질문을 해야 할까?

영국의 저명한 유대교 율법학자 조너선 색스는 예일대학교 강연에서 우리가 더 강해지기 위해서는 세 가지 질문을 통해 깨달은 자가 되어야 한다고 강조했다. "나는 지금 살아 있는가?", "나는 지금 나누고 있는가?", "나는 지금 용서하고 있는가?"라는 질문이 그것이다.

"나는 지금 살아 있는가?"라는 질문은 '나'라는 존재 의미를 생각하게 한다. 나를 강렬히 사랑하게 만들며 지금 이 순간에 무엇을 해야 하는지 깨닫게 한다. 운전할 때 종종 이런 생각을 한다. 만약에 내가 잠깐 졸아서 핸들을 조금만 잘못 튼다면? 맞은편 차량이 실수로 내게 돌진한다면? 졸지에 사랑하는 사람들과 이별해야 하는 상황이 벌어질 수도 있지 않은가? 매일 무사히 생존함에 감사하며 사랑하는 사람들을 더욱 사랑하는 데 힘쓰자.

"나는 지금 나누고 있는가?"라는 질문은 나에게서 벗어나 '우리'를 생각하게 한다. 노점상으로 고생하며 평생 어렵게 모은 돈을 전부 기부한 어느 할머니 이야기는 못 가진 사람에게 감동을 주고, 가진 사람을 부끄럽게 한다. '인간은 사회적 동물'이라는 아리스토텔레스의 말처럼 인간은 누군가와의 관계를 통해 삶을 일궈나가는 존재다.

미국 시인 랄프 왈도 에머슨은 진정한 성공에 대해 이렇게 노래했다. "자주 그리고 많이 웃는 것. 현명한 이에게 존경을 받고 아이들에게 사랑받는 것. 자기가 태어나기 전보다 세상을 조금이라도 살기 좋은 곳으로 만들어놓고 떠나는 것. 자신이 한때 이곳에 살았음으로 해서 단 한 사람의 인생이라도 행복해지는 것." 우리는 "나는 지금 나누고 있는가?"라는 질문에 성실히 답하며 살아갈 때 진정한 성공에 한 걸음 다가선다.

조너선 색스는 마지막 질문 "나는 지금 용서하고 있는가?"에 대해 이렇게 이야기한다. "사랑하는 사람들을 용서하라. 사랑하기 때문에 용서해야 한다. 6개월만 이 질문에 대한 깨달음을 얻으면 전혀 다른 차원의 삶을 살게 될 것이다." 예수가 제자들에게 가르친 기도문에는 "우리가 우리에게 죄 지은 모든 사람을 용서하오니 우리 죄도 사하여 주시옵고"라는 내용이 있다. 털어서 먼지 안 나는 사람이 없고 신 앞에서 자신이 깨끗하다고 할 수 있는 사람은 더더욱 없다. 예수는 죄를 용서받기 위해서는 내가 먼저 남의 죄를 용서해야 한다고 말한다. 이것이 용서의 원리다.

지인 중에 젊은 시절을 건달도 일반인도 아닌 '반달'로 지낸 사람이 있다. 그는 부모에게 받았던 상처를 타인에게 전가하는 삶을 살았다. 무법자처럼 살았던 그는 노년에 이렇게 고백했다. "젊었을 때 예사로 의식 없이 저질렀던 실수들이 내 뒷덜미를 붙잡고 놓아주질 않아. 왜 그랬는지 나도 내가 이해 안 되고 용납도 안 돼. 되뇌고 되뇌다 보면 어느새 하루가 흘러가 있어." 괴로워하는 그를 보며 나는 몹시 안타까웠다. 그가 "나는 지금 용서하고 있는가?"라는 질문에 충실히 답하는 여생을 보내며 고통에서 벗어나기를 바란다.

하버드교육대학원 학장 제임스 라이언은 졸업 축사에서 '우리 삶에서 가장 중요한 질문이자 인생을 변화시키는 다섯 가지 질문'을 주제로 연설했다. 축사 동영상은 1천만 조회 수를 돌파할 정도로 세계적 반향을 일으켰다. 그가 연설한 내용은 다음과 같다.

첫 번째 질문은 "잠깐만요, 뭐라고요?"이다. 명확함을 요구하는 매우 효과적인 질문으로 이해를 위해 필수적이며, 결론을 내리기 전과 결정하기 전에 물어야만 하는 질문이다.

두 번째 질문은 "나는 궁금한데요?"이다. 이 질문은 세상에 호기심을 갖게 한다. 호기심은 세상이 더 나아지도록 하는 방법을 생각하게 한다.

세 번째 질문은 "우리가 적어도… 할 수 있지 않을까?"이다. 의견 차를 넘어 합의에 도달할 때 유용하다. 또한, 일의 결과를 확신하지 못하더라도 일단 무언가를 시작할 때 유용하다.

네 번째 질문은 "내가 어떻게 도울까요?"이다. 이 질문은 도움의 방향을 겸손하게 묻는 것이며 당신이 돕는 만큼 다른 사람도 당신을 도울 수 있다는 사실을 깨닫게 한다.

다섯 번째 질문은 "무엇이 가장 중요한가?"이다. 문제의 핵심, 믿음과 신념의 핵심으로 들어가게 해주는 질문이다. 다섯 가지 질문은 이해, 호기심, 실행, 관계, 핵심의 근원과 연결된다고 역설했다.

라이언은 마지막으로 보너스 질문을 제시했다. 생의 마지막에 만나게 될 가장 중요한 질문은 "그럼에도 불구하고 당신은 삶에서 원하는 것을 얻었는가?"이다. 그는 다섯 가지 질문을 주기적으로 한다면 마지막 보너스 질문에 "예"라고 답할 것이라고 밝혔다.

지금 나는 삶을 향해 어떤 질문을 던지고 있는가? 혹시 세상이 속삭이는 것처럼 "어떻게 돈을 많이 벌고 편하게 살까?"라는 질문을 하는가? 그런 질문은 설사 내 배를 부르게 할지 몰라도 누군가의 마음을 부유하게 할 수는 없다. 끊임없이 나를 합리화할 수는 있어도 누군가를 용서할 수는 없다. 결국, 이기적인 에고만 득실대는 더욱 살기 어려운 세상이 될 것이다.

"돈을 어떻게 의미 있게 쓸까?"라고 질문을 살짝 바꿔보자. 나만 바라보던 시야에서 한발 물러서 주변을 돌아보는 전환점이 되지 않을까. 인생은 질문으로 결정된다. 좋은 질문이 좋은 인생을 만든다. 대한민국에서 30대의 삶은 녹록지 않다. 그럼에도 우리가 삶에서 원하는 것을 얻기 위한 오늘의 질문은 무엇일까?

5 나밖에 모르는 세상에서
우리 서로 사랑하기

가을이라고 생각하니 괜스레 걷고 싶었다. 집 주변의 깜깜한 시골길을 따라 걸으며 밤하늘을 올려다보았다. 드문드문 별빛이 보였다. 여전히 덥지만, 신기하게도 불어오는 바람에 선선함이 느껴지기도 했다. 바람을 타고 가을이 피부에 살며시 스며들자 "계절이 지나가는 하늘에는 가을로 가득 차 있습니다. 나는 아무 걱정도 없이 가을 속의 별들을 다 헤일 듯합니다"로 시작하는 윤동주 〈별 헤는 밤〉이 떠올랐다.

시인은 현재 고독한 상황에서 별을 바라보며 과거를 추억한다. 그리고 멀리 북간도에서도 같은 별을 보고 있을 어머니를 그리워한다. 시인에게 별은 시공간을 초월하게 해주는 매개체이자 부끄러움을 자랑으로 바꿔주는 희망이다. 시인이 별 하나하나에 의미를 부여함으로써 별은 더 이상 과거에 죽은 빛이 아닌 우주에서 유일한 현재의 생명이 된다.

밤하늘은 현재와 과거의 시간이 공존하는 공간이다. 현재 우리에게 보이는 밤하늘의 별은 과거에서 온 빛이다. 만일 지구에서 1억 광년 떨어진 별이 폭발하면 그 빛은 1억 년 후에 지구에 도달한다. 즉 현재 지구에서 보는 별빛이 사실 1억 년 전 과거의 빛이라는 말이다. 밤하늘을 수놓는 별들은 그렇게 시공간을 초월해 달려와 우리 눈에 박힌다.

별빛은 반짝하고 빛나는 우리 인생과 닮았다. 현재의 별빛이 아득한 과거에서 왔듯 현재의 나는 태초부터 이어져 온 생명의 연장선 위의 한 점이다. 마찬가지로 현재의 나는 끝을 알 수 없는 미래의 후손에게 생명을 잇는 연결고리로써 우주의 시간을 품은 삶을 살아간다. 나의 일생이라는 시간 속에서도 과거는 현재에, 현재는 미래에 영향을 끼치며 한 인생을 완성해 간다.

하늘을 수놓는 별처럼 세상에는 아름답게 빛나는 70억 개의 인생이 있다. 그러나 인간 존엄성이 사라지고 생명 경시 풍조가 세상을 지배한 지 오래다. 세계적인 인구 밀도를 자랑하는 서울에서 출퇴근 지하철을 한 번이라도 타본 사람이라면 "사람이 너무 많아!"라며 짜증을 낸 적이 있을 것이다. 그 순간에는 나도 그 사람들 가운데 한 명이라는 생각을 까맣게 잊는다. 그리고 나를 제외한 모든 사람에게 분노한다. 우리는 저마다 의미 있는 반짝임을 간직한 인생을 고귀하게 여겨야 한다. 나밖에 모르는 사람으로 가득한 세상에서 어떻게 우리를 사랑하며 살 수 있을까?

오연호 작가는 저서《우리도 사랑할 수 있을까》에서 치열한 경쟁으로 영혼 없이 살아가는 한국 사회에 경종을 울렸다. 그는 '꿈틀리인생학교'를 통해 우리도 사랑할 수 있다는 꿈틀거림을 현실화했다. 덕분에 나는 다양한 분야에서 개인이 어떤 철학을 가져야 하는지 생각하게 되었다. 동시에 현재 내가 있는 자리에서 감당해야 할 소명과 작은 실천에 대해서도 고민했다.

먼저, 자본주의 사회에서 가장 민감한 경제 분야부터 개인의 철학을 바꿔야 함을 느꼈다. 그동안 나는 대기업 직장인으로서 고객에게 질 좋고 싼 가격에 상품을 제공하는 것이 대기업의 순기능이라고 생각했다. 그러나 오연호 작가의 말처럼 이웃을 사랑하려면 경제적 약자를 보호하는 제도적 장치가 절실히 필요함을 알게 되었다. 검증된 브랜드, 프랜차이즈 제품을 선호했던 나는 공정 무역, 공정 여행, 지역 경제 활성화, 개인 운영 매장 이용 등에 적극 참여해야겠다는 인식 전환을 맞이했다.

윤리 분야에서는 막연히 모두가 똑같은 기준 안에서 양심적이어야 한다고 생각했다. 하지만 윤리는 '사회적 약자를 위한 정의구현'이라는 명확한 초점이 있어야만 성립된다는 것을 깨달았다.

그렇지 않으면 윤리는 '우리를 사랑하는 울타리'가 아닌 '나만을 사랑하는 철창'으로 전락해 버리기 때문이다. 최근 어느 동네 주민들이 장례식장 건축 반대를 위한 촛불집회를 열었다. "아이들이 저승사자와 함께 등교할 수 없다"라는 말도 안 되는 슬로건을 내걸었지만, 속내는 집값이 내려가는 것을 막기 위함이었다.

유대인 부모가 아이들을 상갓집에 자주 데리고 다니며 죽음을 통한 인생의 가치를 교육하는 것과는 너무 대조적이다. 장애 학생 부모들이 특수학교 설립을 호소하며 지역 주민에게 무릎을 꿇었던 모습이 떠오른다. 누구나 공공시설의 필요성을 알지만, 막상 자기 일이 되면 이기적인 모습으로 돌변한다.

미국 신학자 라인홀드 니부어가 주장한 것처럼 사회윤리의 목표는 정의, 개인윤리의 목표는 사랑이 되어야 한다. 우리를 사랑하는 데 필요한 공공시설은 나만을 사랑할 때 혐오 시설로 탈바꿈되는 위험을 늘 경계해야 한다.

개인뿐만 아니라 사회적 차원에서도 우리를 사랑하며 사는 방법에는 어떤 것이 있을까? 마을 공동체와 협동조합의 예가 있다. 천안시는 전국 최초로 도심 속 '육아 품앗이'의 장을 열었다. 11곳에 운영 중인 '공동육아나눔터'는 가정에서의 육아 부담을 줄여주는 동시에 이웃 사랑의 나눔터가 되고 있다. 마을 공동체의 좋은 모델로 자리 잡아 전국으로 확대되기를 기대한다.

《우리도 사랑할 수 있을까》에 등장하는 '집시들의 해방구' 크리스티아니아 공동체는 더불어 살아가는 그들만의 철학을 인정받아 덴마크 정부로부터 자치권을 보장받았다.

우리나라에도 서로 돕고 희생하며 사랑하는 철학이 근간을 이루는 마을 공동체가 있다. 성미산마을, 인수동마을, 꿈틀리마을 등이 좋은 예다. 스스로, 더불어, 즐겁게 살아가는 마을 공동체의 모습은 삭막한 도시 생활에 지친 사람에게 따뜻한 위로와 용기를 준다. 이렇듯 공동체를 이끌어가는 핵심 가치와 정신은 공동체의 울타리를 넘어 선한 영향력으로 퍼져나가야 한다. 집단주의에 빠져 외딴섬이 되지 않으려면 마을 공동체는 언제나 '더 많은 우리를 사랑함'에 목표를 두어야 한다.

스페인의 몬드라곤 협동조합은 이상적인 협동조합의 모델이다. 사람이 사람답게 살도록 힘썼던 호세마리아 신부가 네 가지 철학 인간 존엄성과 연대, 노동 가치와 교육을 강조하며 시민과 민주적인 모임을 가진 데서 협동조합이 출발했다. 세계 최대 노동자 몬드라곤 협동조합에서는 조합원 7만 4천 여 명이 일하며, 스페인 GDP의 10퍼센트를 책임진다. 우리를 사랑할 때 "사랑이 밥 먹여준다"라는 오연호 작가의 말을 가장 잘 실현한 사례라고 할 수 있다.

여기에도 수많은 협동조합이 있다. 한 예로 쿱비즈협동조합은 불합리한 가맹 시스템을 혁신하려고 다양한 시도를 한다. 최근에는 빨래방카페에 협동조합 프랜차이즈 시스템을 도입해 공정 계약 문화 확산을 도모한다. 빨래방카페가 갑질의 그늘에서 벗어나 과거 우리나라 빨래터나 미국 빨래방처럼 이웃 관계를 맺는 소통의 장으로 거듭났으면 한다.

오연호 작가는 덴마크의 교육 환경이 사실 어린 시절 고향의 모습이었다고 회고했다. 나도 30년 전 기억을 더듬어보면 서울 아파트에 살았지만, 이웃 간에 온정이 넘쳤었다. 몇 층 몇 호에 누가 사는지 알고 지내는 것은 물론, 김장뿐만 아니라 평상시에도 일손이 필요하면 이웃끼리 서로 돕는 게 전혀 어색하지 않았다. 그런데 지금은 아파트 경비원만이 나를 맞아주는 도시 문화에 익숙해진 지 오래다. 서로 사랑하는 법을 잊어버린 것은 아닌지 씁쓸하다.

내 안에 빛나는 별이 소중한 것처럼 내 옆에 빛나는 이웃 별도 소중하다. 별빛으로 가득한 밤하늘이 아름다운 이유는 수많은 별이 저마다 따로, 또 같이 질서를 유지하며 빛나기 때문이다. 나 혼자 먹고살기에도 힘들다며 모든 것을 포기하려는 N포 세대, 30대에게 가장 필요한 것은 사랑이다.

6   만일 내가
내일 죽는다면

새로운 역사를 쓰며 전국을 뜨겁게 달군 영화가 있었다. 관객 1천 441만 명을 동원했던 〈신과함께〉 1편과 함께 2편도 1천 218만 명을 돌파하며 한국 영화 최초로 1, 2편 '쌍 천만 영화'의 고지를 점령했다.

영화의 흥행 비결은 무엇일까? 한 영화 평론가는 "〈신과함께〉 1편이 효도와 형제애를 강조했다면, 2편은 용서와 화해를 이야기한다. 한국인의 보편적 소재이자 정서를 건드려 남녀노소 관객, 가족 관객을 유도했다"라고 해석했다.

세계적인 '웰다잉Well-Dying' 열풍도 한몫하지 않았나 싶다. 사람들이 죽음에 관한 관심이 높아지면서 한국적 정서의 사후 세계를 그려낸 영화에 흥미를 느꼈을 것이다.

웰다잉이란 살아온 날을 아름답게 정리하는 것으로 '평안한 삶의 마무리'를 일컫는다. 고령화 사회에서 각종 질병 증가와 가족해체로 인한 고독사가 심각한 사회 문제로 대두되면서 웰다잉 트렌드가 생겨났다. '웰다잉 십계명'이 생겨날 정도로 죽음은 큰 관심 주제가 되었다.

십계명에는 버킷 리스트 작성하기, 건강 체크하기, 법적 효력 있는 유언장 및 자서전 작성하기, 고독사 예방하기, 장례 계획 세우기, 자성의 시간 갖기, 마음의 빚 청산하기, 자원봉사 하기, 추억 물품 보관하기 그리고 사전연명의료의향서 작성하기가 있다.

웰다잉을 위한 프로그램도 있다. 삶을 정리하는 기록과 유서를 남기는 것을 비롯해 자신의 묘비명을 짓고, 관에 실제로 들어가 보기도 한다. 세계 최초로 초고령 사회에 진입한 일본에서는 장례 산업을 하나의 트렌드로 인식하면서 죽음을 준비하는 '엔딩 산업'이 뜨고 있다. 사람 대신 목탁을 치며 불경을 읊는 로봇, 고인의 생애이력 등을 열람할 수 있는 'QR코드 묘비' 등 첨단 산업을 접목한 장례 문화도 등장했다. 일본 나가노현 우에다시에는 차에 탄 채로 조문하는 '드라이브스루' 장례식장도 생겼다. 아직 우리 정서로는 뜨악할 만하지만, 전문가들은 우리나라에도 엔딩 산업이 유망하다고 내다본다.

요즘 젊은 세대는 흙수저, 헬조선, N포 세대 등 자조하는 말을 쓰며 희망을 잃고 살아간다. 이 가운데 삶의 끝자락을 만져보며 다시 희망을 얻는 청년도 늘고 있다. 20, 30대가 영정 사진을 찍기 시작한 것이다. 이들은 삶의 마지막을 마주하면 다시 살아갈 힘을 얻는다고 말한다.

뉴스에서 영정 사진을 찍는 청년들을 인터뷰한 내용을 보았다. 30대 K 씨는 영정 사진을 찍기 위해 앉아 있으니 "엄마 아빠가 가장 먼저 떠오른다"라며 이 순간 자신에게 하고 싶은 말이 "열심히 산 거 안다. 열심히 살았던 거 알아. 일어나지 않은 일 가지고 너무 걱정하지 말고 현재에 충실하면서 살아가라"라고 했다. 20대 L 씨는 영정 사진을 찍다 문득 아빠가 떠올라 울먹였다. "아빠는 너무 다 짊어지고 계신 것 같아요. 그러지 않으셔도 되는데…."

죽음은 언제 또 누구에게 찾아올지 모른다. 젊은 나이에 죽음을 가까이 마주하며 현실을 직시할 정도로 요즘 젊은 세대는 성숙해졌다. 시련이 주는 유익을 다시 한번 느낀다.

몇 년 전 예능 프로그램 〈힐링캠프〉에 잉꼬부부로 소문난 션, 정혜영 부부가 출연했다. 변함없는 10년의 사랑 이야기를 들려준 그들은 지금껏 단 한 번도 싸운 적이 없다고 해 MC와 시청자를 놀라게 했다. 션은 그 비결이 "오늘이 마지막이라고 생각하면서 살아야 한다. 누구나 내일이 있다고 생각하지만, 내일은 약속되지 않는다. 만약 내일이 없다고 생각하면 안타까운 마음에 싸울 수 없다"라고 했다. 선은 많은 사람이 죽음에 직면해야 비로소 후회하는, 삶의 전철을 밟지 않도록 매일 죽음과 직면했다. 그래서 최선을 다해 아내를 사랑하는 것이다.

웰다잉 시대를 맞이해 만일 내가 내일 죽는다면 과연 어떤 말을 남길지 궁금해졌다. 오늘이 마지막이라 생각하고 아내에게 편지를 써 내려갔다. 처음에는 어떤 말을 쓸지 막막했는데 쓰다 보니 어느새 에이포 두 장이 가득 찼다.

나도 나름대로 최선을 다해 좋은 남편이 되려고 노력했는데 여보에겐 내가 어떤 존재로 기억될지…. 이놈의 '나름대로'라는 말이 문제인 것 같아. 변명이나 책임 회피 같거든. 정말 진심으로 나의 한계를 넘어 최선을 다했는지 자신에게 묻는다면 나는 '나름대로'라는 비겁한 단어 뒤에 숨고 싶어지니까.

이 편지를 쓰는 심정으로 매일매일 살았더라면 '나름대로'라는 단어 대신 '진심으로'라는 단어로 가득 채운 삶을 살 수 있었을 텐데…. 하지만 여보와 살면서 진심으로 사랑하는 삶을 배울 수 있었어. 여보의 눈빛, 손길, 말 한마디, 행동 하나하나가 모두 빛났고 빛나며 앞으로도 빛날 거야. 이 세상에서 더 이상 함께하지 못한다는 사실에 가슴이 미어지지만, 여보와 소중한 시간을 함께할 수 있었기에 가슴 가득 사랑을 안고 행복하게 떠날 수 있어.

'나름대로'와 '진심으로'라는 단어 사이에서 삶의 방향성을 되돌아보았다. '나름'의 사전적 정의는 '각자가 가지고 있는 고유의 방식'이다. 톨스토이의 우화 〈소와 사자의 사랑이야기〉는 소와 사자가 깊은 사랑에 빠져 결혼하는 내용으로 시작한다. 둘은 서로에게 최선을 다했다. 소는 최고로 싱싱하고 맛있는 풀을 사자에게 주었고, 사자는 최고로 살찌고 기름진 고기를 소에게 주었다. 둘은 점점 야위어갔다. 사랑이 컸던 만큼 실망도 컸다. 결국, 둘은 헤어질 수밖에 없었다. "난 최선을 다해 사랑했어"라는 말을 서로에게 남긴 채.

소와 사자는 나름대로 최선을 다하며 이기적인 사랑을 했다. 자기만족을 위한 집착이 자신과 상대를 모두 피폐하게 만들었다. 그래서 진심으로 상대를 생각하고, 상대의 방식으로 사랑하는 것이 중요하다. 그동안 나는 풀을 좋아하는 아내에게 고기를 주려고 하지는 않았을까?

삶과 죽음은 동전의 앞뒷면과 같다. 우리는 살기 때문에 죽고, 죽기 때문에 산다. 죽음은 '진심으로 사랑하는 삶'의 안내자다. 삶의 마지막 편지를 한번 써보기를 바란다. 쓰는 사람과 받는 사람 모두 서로를 더욱 아끼며 충실한 시간을 쌓아가지 않을까?

7 나 혼자만
잘 살면 된다?

2018년에 가장 잘한 일 두 가지가 있다. 하나는 육아휴직이고, 다른 하나는 아내의 고통을 분담하고자 선택했던 자연주의 출산이다. 자연주의 출산은 분만의 모든 과정에 남편이 적극 참여한다. 17시간 진통 끝에 세상으로 나온 아들을 부부가 함께 맞이하는 감격을 맛보았다.

갓 태어난 아들을 아빠가 안아주는 '캥거루 케어'를 하면서 미리 준비한 편지를 읽어주었다. 심장과 심장이 맞닿은 느낌에 나도 모르게 눈물이 흘러내렸다. 지금도 그때를 생각하니 눈시울이 붉어진다. 출산을 통해 아내를 진심으로 존경하게 되었다. 아내는 생리통으로 느끼는 고통의 1만 배를 17시간 동안 느꼈다고 했다. 우여곡절 끝에 아들의 이름을 짓고 출생신고를 했을 때의 감격 또한 잊을 수 없다. 주민등록등본에 선명하게 기재된 아들의 주민등록번호를 보자 울컥했다. 꼬물꼬물한 아들이 우리 가족의 구성원이자 대한민국의 국민이 되었다는 사실에 가슴이 벅찼다.

하루가 다르게 쑥쑥 자라는 아들은 요즘 한창 폭풍 애교를 선보이며 우리 부부를 광대뼈가 아플 때까지 미소 짓게 한다. 별 탈 없이 이렇게 웃으며 지내는 게 행복이 아닐까.

그런데 세상은 상대적이다. 낮이 있으면 밤이 있고, 빛이 있으면 어둠이 있다. 경기 일산에서 우리 가족이 행복한 일상을 보내는 사이, 경북 구미에서는 출생신고를 하지도 못한 두 살배기 아들과 20대 아빠가 숨진 채 발견되었다. 2018년 5월에 어느 원룸에서 일어난 일이었다.

숨진 아빠 A 씨는 수개월 전부터 무직 상태로 홀로 육아를 했던 것으로 밝혀졌다. A 씨가 병으로 숨진 후 아들은 곁에서 굶어 사망한 듯했다. 사망 이틀 후가 어린이날이라 더 참담했다. 아빠로서 홀로 16개월 된 아들을 돌봐야 했던 A 씨. 게다가 지병도 있었고 무직이었다. 무슨 이유에서인지 주민등록도 말소되어 있었고, 철저히 은둔 생활을 했었다고 한다. 그가 처했던 상황이 얼마나 끔찍했을지 나로서는 감히 상상도 할 수 없다.

2014년 '송파 세 모녀 사망 사건'이 다시 떠올랐다. 직장을 잃은 어머니와 돈이 없어 치료를 받지 못한 병든 딸, 이들은 조건 미달로 복지 혜택에서도 제외되었다. 결국, 서울 송파구에 살던 세 모녀는 월세방에서 스스로 목숨을 끊었다.

나의 초, 중, 고 시절을 모두 보냈던 송파에서 일어났던 사건이라 더욱 생생하게 다가왔다. 먼 나라 이야기가 아니라 내가 살았던 동네 이야기였다. 매일 지나다녔던 동네의 어느 집에서 세 모녀가 죽었다. 지금도 어디서 아무도 모르게 죽어가는 이웃이 있을 수 있으며, 바로 내 옆집일지도 모른다. 이 사건을 계기로 전국적인 긴급 복지 시스템을 구축했지만, 고독한 부자의 죽음을 막기에는 역부족이었다. 더 안타까운 것은 기사에 달린 댓글이었다.

'아버지로서 자식에 대한 최소한의 도리도 하지 않은 것에 대해서는 생각해 볼 문제', '애비가 관리 못 해서 죽은걸'과 같이 문제의 본질을 아버지 책임으로 돌리는 사람들과 차마 입에 담지 못할 댓글까지. 철저히 소외된 이웃이, 그것도 20대에 불과한 젊은 남자와 두 살배기 아기가 숨졌다는데 어떻게 이런 생각을 하는지 경악을 금치 못했다.

혼자 살다 혼자 죽는 '고독사'는 이미 오래전부터 사회적 문제로 대두되었다. 예전에는 독거노인에만 국한된 문제라고 여겼다. 그러나 최근 1인 가구 증가로 고독사는 모든 연령층에 퍼졌다. 정신과 의사 정혜신은 저서 《당신이 옳다》에서 청년 고독사 문제를 다루었다. 지금 서울에서 청년 고독사가 가장 많이 일어나는 지역은 강남 원룸촌이다. 돈을 벌기 위해 강남으로 모여들었기 때문이다. 그곳에는 분명 사람이 살지만, 지나다니는 사람도 없고 사람소리도 들리지 않는다고 한다. 폐를 끼쳐 문제를 만들고 싶지 않다는 청년들의 강박관념이 낳은 결과였다. 안타까운 마음으로 정혜신은 고독하게 죽어가는 청년들을 이렇게 표현했다. '자기 존재를 민폐로 인식하는 청년들. 죽은 듯 사는 청년들.'

복지 사각지대가 확대되고 있다. 같은 나라의 같은 국민인데도 복지 시스템 밖에 놓인 이방인으로 사는 사람이 늘고 있다. 고독사문제를 사회보장 시스템 탓으로만 돌릴 수도 없다. 좋은 제도가 있어도 혜택받는 방법을 모른다면 소용이 없다. 방법을 알아도 계속심리적 이방인으로 살아간다면 점점 병들어 갈 뿐이다.

나는 적은 금액으로 국내외 아동과 청소년을 후원한다. 자랑이아니라 부끄러움을 고백하는 것이다. 계속 후원액을 늘려가고 싶다. 물질뿐만 아니라 시간과 체력으로도 지역의 소외된 이웃을 도울 수 있는지 알아보려고 얼마 전에 주민센터와 복지 회관을 방문했다. 봉사 활동이라고 하면 흔히 연탄을 나르거나 도배하는 일 등을 떠올렸는데 내 생각이 얼마나 뒤떨어졌는지 반성하는 계기가되었다.

한 달에 한 번 주민센터에서는 장애인과 함께 쇼핑 봉투를 제작하는 일, 복지 회관에서는 독거 어르신의 장보기를 돕는 일에 일손이 필요하다고 했다. 누구나 작은 관심만 있으면 어렵지 않은 일로 누군가를 도울 수 있는 것이다. 무엇보다 지속적인 관심과 참여로 소외된 이웃과 소통하는 일이 중요하다는 것을 느꼈다.

꽃피워 보지 못한 부자의 죽음 앞에 숙연해진다. 대한민국 30대 직장인으로 살기 힘들다는 핑계로 나와 내 가족만 생각하는 이기적인 삶을 살아오지는 않았을까? 빚진 마음으로, 미안한 마음으로 행복을 나누는 데 힘쓰고 싶다.

'빨리 가려면 혼자 가고, 멀리 가려면 함께 가라'는 아프리카 속담이 있다. 어딘가로 열심히 달리던 생각을 멈추고 정말 나 혼자만 잘 살면 되는지 돌아보았으면 한다. 나의 작은 관심이 누군가의 고독한 죽음을 막을 수도 있다.

8 하나의 몸짓에서
단 하나의 눈짓으로

어느 마을에 박씨 성을 가진 나이 지긋한 백정이 있었다. 하루는 두 젊은 양반이 고기를 사러 왔다. 한 양반은 거드름을 피우며 "이놈아, 고기 한 근만 썰어라"라고 했다. 다른 양반은 상대가 비록 천한 백정이지만 나이가 많았기에 "박 서방, 여기 고기 한 근만 썰어주게"라고 했다. 백정은 솜씨 좋게 고기를 잘라 두 양반에게 주었다. 그런데 먼저 고기를 주문한 양반이 갑자기 호통을 쳤다. "이놈아, 같은 한 근인데 어째서 이 양반의 것이 나보다 배나 많으냐?" 그러자 백정이 말했다. "손님 고기는 이놈이 자른 것이고 이 어른 고기는 박 서방이 잘랐습죠."

동서고금을 막론하고 말의 중요성은 아무리 강조해도 지나치지 않다. 말 한 마디에 고기 양이 두 배가 되기도 하고 천 냥 빚을 갚기도 하지만, 웃으라고 한 말에 초상날 수도 있는 법이다.《언어의 온도》의 작가 이기주는 "말은 곧 마음의 소리이며 말에서는 그가 지닌 고유한 인향人香이 뿜어져 나온다"라고 말했다. 나의 말에는 어떤 온도와 향기가 있을까?

한 일간지에 어느 꼰대 부장 이야기가 등장했다. 부장은 유머랍시고 말했지만 듣는 사람들은 '갑분싸' 되는 차가운 온도를 느끼고 진동하는 구린내를 맡아야 했던 일화였다. "어제 내가 동창 모임에서 들은 이야긴데 정말 배꼽 빠지는 줄 알았다니까. 들어봐. 살찐 여인이 일광욕하는 모습을 네 글자로 줄이면 뭔 줄 알아? 호박 말림. 웃기지 흐흐흐. 그리고 못생긴 여자만 좋아하는 사람은 누구게? 성형외과 의사. 크크크 은주 씨는 일광욕하지 말아. 호박 말림 된다니까. 하하하."

이런 경우는 직장 내에서 빈번하게 일어난다. 직장 상사가 부하 직원에게, 진상 고객이 감정 노동자에게 인격 모독과 폭언, 성희롱 등을 일삼는다. 지난해 1월 보안 업체 삼성 에스원 노동조합은 '삼성 에스원 직장 갑질 고발 기자회견'을 열었다. 그들은 "노조 설립 이후에도 조합원과 직원들에 대한 폭언과 인격 모독 등 회사의 '직장 내 갑질'이 여전히 계속되고 있다"라며 회사는 폭언과 갑질 행위자를 엄중히 징계해야 한다고 주장했다.

최근 용인에 있는 한 백화점에서는 환불을 요구하던 고객이 갑질 행패를 부려 여론의 뭇매를 맞았다. 고객은 고성과 폭언은 물론, 화장품 병을 깨트리고 직원의 머리채를 잡으며 난동을 부렸다. 해당 직원은 큰 충격으로 병원에서 휴식을 취하는 것으로 알려졌다. 많은 직장인이 오늘도 찢어진 마음을 부여잡고 직장으로 향한다.

정유희 작가는 저서 《듣고 싶은 한마디, 따뜻한 말》에서 "따뜻하게 말함으로써 얻을 수 있는 장점은 무수히 많다. 특히 '따뜻함'은 가정과 직장, 그 외의 모든 관계를 부드럽게 만들어준다는 장점이 있다"라고 말한다. 그는 따뜻한 대화를 위한 칭찬법을 소개하며 상대방이 이룩한 결과를 칭찬하는 일도 좋지만 그 결과를 이루기까지의 과정과 노력을 칭찬하는 것이 더욱 좋다고 강조한다. 예를 들면 "업무 계획을 세울 때 철저한 모습이 정말 인상적이었어요"라고 칭찬하는 것이다.

또한 상대방 존재 자체를 인정해 주는 것이 가장 좋은 칭찬이며, "함께해 주셔서 정말 큰 힘이 되었습니다"라는 말을 그 예로 들었다. 이는 상대방의 존재감을 인정하고, 자존심을 세워주는 칭찬이기 때문이다.

직장에서 만난 수많은 상사 중에 인상적인 사람이 있었다. 그는 하루에도 수십 통씩 받는 메일에 모두 일일이 답장하는 리더였다. "오케이. 수고 많았어요"라는 답장 한 줄에도 부하 직원의 수고를 인정하고 격려하는 따뜻한 마음이 전해졌다. 혀는 마치 배의 키와 같다. 아무리 큰 배라도 작은 키 하나로 항해 방향이 정해지듯세 치 혀가 사람을 죽이기도 살리기도 한다. 결국, 그 리더는 영업출신 최초로 임원이 되었다.

따뜻한 말과 함께 우리 사회에 꼭 필요한 것이 또 있다. 바로 따뜻한 눈길이다. 집 작은 마당에 내려앉은 햇볕이 따사로운 어느 봄날이었다. 마당 한편에는 분홍빛 잔디꽃이 오순도순 피어 있었다. 풍요 속의 빈곤이랄까. 'ㅁ'자 형태의 옛날 농가 주택 구조상 볕이잘 들지 않은 한편에는 초라한 모습의 잔디만 죄인처럼 고개를 떨구고 있었다.

'따스한 시선이 생명을 자라게 하는구나!' 그늘진 곳의 존재감없는 잔디를 보며 문득 든 생각이었다. 마치 소외된 그늘에서 살아가는 사회적 약자 같아 불쌍했고, 갑질의 그늘에서 웅크린 직장인같아 안쓰러웠다. 따사로운 햇볕을 마음껏 머금은 분홍빛 꽃처럼우리의 따뜻한 시선과 관심은 누군가의 마음 꽃을 활짝 피워내지않을까?

'관찰자 효과'라는 것이 있다. 과학자들이 세상의 모든 물질을이루는 기본 입자를 관찰한 후 "입자는 우리가 지켜볼 때만 물질의 형태로 존재하고 보지 않을 때는 물질이 아닌 파동, 에너지 형태로 있다"라고 밝혔다. 마치 야구 경기에서 내가 공을 쳐다볼 때는 공이 동그란 형태를 유지하다가 잠시 쳐다보지 않으면 공이 출렁이는 물결과 같이 변한다는 것이다. 공상 과학 이야기가 아니다. 실험을 통해 증명된 사실이다.

이 사실은 무엇을 의미할까? 나를 포함한 이 세상 모든 물질에 형태가 있다는 것은 그것을 항상 쳐다보는 어떤 시선이 있다는 증거다. 아무도 없는 방 안에 혼자 있을 때조차 나 자신이 형체 없는 파동으로 변하지 않는다. 나를 향한 그 시선은 과연 무엇일까?

수능 시험에도 출제되었고, 방탄소년단 앨범에도 오마주가 되었던 김춘수 시인의 〈꽃〉은 나에게 특별한 의미로 다가온 시다. 나는 이 시에 부제를 붙인다면 "몸짓에서 눈짓으로"라고 하고 싶다. 처음 '몸짓'이 마지막 '눈짓'이 되는 일련의 울림을 주기 때문이다.

이름을 불러주기 전 '그의 몸짓'은 파동처럼 형태가 없는 '무의미한 에너지'다. 아무런 시선도 그에게 머무르지 않기 때문이다. 그런데 '그의 이름'을 불러주었을 때 그는 '꽃'이 되었다. 즉 '존재'에게 따뜻한 말과 따스한 시선을 보냈을 때 그 '존재'는 형태를 지닌 '물질'이 되었다. 관계 속에서 새롭게 태어난 것이다. 그러나 시에서 그는 나로 인해 '꽃'이 되었지만 나는 아직 '몸짓'에 불과하다. 그도 나를 '꽃'으로 피어나게 할 때 비로소 서로 잊히지 않는 하나의 '눈짓'이 된다. 우리는 관계적 존재로서 입과 눈의 온기에 의해 '꽃'이 되는 것이다.

직장 워크숍에서 레크리에이션 시간에 '몸으로 말해요'라는 게임을 진행한 적이 있다. 한 팀이 한 방향으로 줄을 선다. 사회자는 꼬리에 선 사람과 관객에게 제시어를 보여준다. 그러면 등을 돌리고 있는 바로 다음 사람에게 제시어를 설명한다. 이때 소리는 낼 수 없고 오직 몸동작으로만 설명해야 한다. 릴레이식으로 설명하여 마지막 머리에 선 사람이 답을 맞히는 게임이다. 이미 답을 아는 관객은 점점 산으로 가는 게임 참가자들의 몸짓을 보면서 웃음바다가 된다.

그런데 간혹 개떡같이 설명해도 찰떡같이 답을 맞히는 팀이 있다. 분명 못 맞힐 것 같은 몸짓인데도 답을 척척 말한다. 알고 보니 그 팀은 서로 간의 친밀도가 상당히 높았다. 그들은 몸짓이 아닌 눈짓을 보고 답을 맞힌 것이었다. 이렇듯 눈짓은 친밀한 관계 안에서 형성된다. 몇십 년 동안 살을 맞대고 살아온 부부가 서로 눈빛만 보아도 통한다고 하듯이 말이다.

갑질과 막말이 난무하는 우리 사회에서 감정 노동을 하는 직장인에게 따뜻한 말과 따스한 시선이 절실하다. 따사로움이 우리를 아름다운 자아로 꽃피운다. 오늘 만나는 사람에게 온기 있는 말 한 마디와 눈길을 보내보면 어떨까?

네
번째
기회

결혼

결혼만큼 자기 자신의 행복이
걸려 있는 것은 없다.
결혼 생활은 진정한 의미로
연애의 시작이다.

- 괴테

1   결혼은 정말
미친 짓일까?

.

    '행복한 여행', '나를 사랑할 수 있는 자유', '나를 지키는 것'은 무엇일까? 정답은 '비혼'이다. 예능 프로그램 〈개똥이네 철학관〉에 출연한 제아와 예은, 정혁은 각자 비혼의 철학을 소신 있게 펼쳐냈다.

    제아는 "결혼을 떠올리기엔 나만의 인생이 너무 재밌다. 나는 즉흥적인 성격이라 결혼과 맞지 않다"라고 비혼의 이유를 밝혔다. 행복한 가정에서 자랐지만, 개인 성향을 고려해 비혼을 선택한 제아와 달리 예은과 정혁에게는 트라우마가 있었다. 둘은 이혼 가정에서 자라 결혼에 대한 두려움으로 비혼을 선택했으며, 자기 자신을 사랑하는 데 집중하고 싶다고 했다.

아내는 20대 후반에 자신을 '똥차' 취급하는 보수적인 부모님의 영향으로 결혼에 대한 압박감을 느끼자 두려웠다고 고백했다. 정말 좋은 배우자를 만날 수 있을지 자신이 없었기 때문이다. 그러던 어느 날 모든 근심과 걱정을 사라지게 해준 사람을 만나 결혼을 확신했는데, 그게 바로 나였다나 뭐라나(이 말을 듣는데 입가의 씰룩거림을 들키지 않으려 무척이나 애썼다).

통계청 2018년 사회 조사 결과 '결혼해야 한다'고 생각하는 비율이 조사 이래 최저인 48.1퍼센트로 나타났다. 결혼을 안 해도 된다고 생각하는 비율이 과반수가 된 것이다. IT 전문기업 엔비티NBT가 고객 1천 325명을 대상으로 진행한 결혼 인식 관련 설문 조사 결과는 더욱 놀랍다. 미혼 남녀 10명 중 9명이 "결혼은 필수가 아닌 선택"이라고 답했다.

결혼을 고려할 때 가장 부담스러운 요인으로 남성의 경우는 1위가 집 마련과 결혼 비용 등 금전적 부담감, 2위가 자유로운 삶을 포기해야 하는 부담감이었다. 여성의 경우는 1위가 자유로운 삶을 포기해야 하는 부담감, 2위가 새로운 가족에 대한 부담감으로 서로 차이를 보였다.

바야흐로 비혼 시대다. 비혼은 비자발적 비혼과 자발적 비혼으로 나눌 수 있다. 지금 2030세대는 유례없는 취업난과 저임금, 치솟는 물가에 시달리며 빚더미에 앉아 있다. 이들은 N포 세대, 혼족(나홀로족), 비혼족, 달관족(미래를 포기하고 지금 생활에 안주하는 사람)이라는 또 다른 이름으로 불린다. 여기에 결혼 평균 연령대에 속하는 30대 중 절반이 실제 결혼을 포기한다. 비자발적 비혼주의자가 급속도로 증가한 것이다.

반면에 자발적 비혼주의자는 나 자신에게 집중하며 자유로운 삶을 추구하기 위해 비혼을 선택한다. 이들은 말한다. 결혼이라는 제도를 거부하면 굳이 책임지지 않아도 될 책임에서 벗어날 수 있다고. 자발적 비혼주의 안에서도 정말 좋은 사람을 만나면 결혼할 수도 있다고 생각하는 부류와 결혼 자체를 아예 생각하지 않는 부류로 나뉜다.

아내는 부모 세대가 보여준 모습과 각종 미디어에서 다루는 결혼 모습이 부정적이기 때문에 비혼족이 증가하는 것 같다고 했다. '결혼은 곧 나를 포기해야 하는 희생'이라는 인식 속에서 N포 세대는 다 포기하더라도 나 하나만큼은 포기하고 싶지 않기에 비혼을 선택하지 않을까?

나는 30대 초반까지 어머니와 단둘이 살았다. 어린 시절 주말에만 만났던 아버지와는 '주말부자'로 지냈고, 고등학생이 되던 해에 부모님은 결국 이혼했다. 동고동락뿐만 아니라 '동거동락'했던 어머니가 4년 전에 갑자기 암으로 돌아가셨다. 나는 최소한의 짐만 챙겨 조그마한 오피스텔로 이사했다. 그렇게 본의 아니게 독립했다. 회사에 청춘을 바치면 언젠가 임원이 될 줄 알았던 나는 당시 서른두 살, 7년 차 직장인이었다.

잃어버린 시간을 되찾겠다는 의지로 싱글 라이프의 호사를 누려보기로 했다. '요섹남'이라도 된 듯 집에서 스테이크를 썰며 와인을 곁들이는 혼밥, 헬스장과 카페가 딸린 풀옵션 오피스텔에서 누리는 나만의 공간, 취미 생활을 할 수 있는 약간의 금전적 여유, 그리 좋지는 않지만 나쁘지도 않은 자가용을 타고 불쑥 떠나는 밤 드라이브, 그리고 별 고민 없이 즐기는 나를 위한 쇼핑까지. 이렇게 행복해도 될까 싶을 정도로 모든 게 완벽했다.

그렇게 6개월이 흐른 어느 주말 저녁이었다. 대형 마트로 향하는 차 안에서 라디오 방송을 듣다가 지금 호사가 허상일지도 모른다는 두려움을 느꼈다. "결혼은 성숙을 위함이지, 행복을 위함이 아닙니다. 성숙을 추구할 때 행복해지고, 행복을 추구할 때 불행해지는 것이 결혼입니다." 어떤 사람이 결혼에 대해 열변을 토하고 있었다. 인생 목표는 행복이고 결혼은 그 목표를 이루는 과정이라고 생각했던 나는 두개골에 균열이 생기는 느낌을 받았다. 동시에 애써 잊으려 했던 불편한 진실이 떠올랐다.

"어른이 된다는 것은 불편함을 감수한다는 의미다. 자기 십자가를 지는 것이다. 불편할 때 성숙해진다. 우리가 편하면 살밖에 더 찌겠는가?" 다니는 교회에서 일관되게 전하는 메시지였다. 당시 인생 최대의 격변기를 겪던 나는 내재된 가치관(편리함)과 추구해야 하는 가치관(불편함) 사이의 딜레마에 빠져 있었다. 그 증거로 몸무게가 수직으로 상승했는데 살밖에 더 찌겠냐는 말에 가슴은 철렁, 뱃살은 출렁였다.

결손가정에서 자라 20대에는 한 살이라도 더 어렸을 때 빨리 결혼하고 싶었고, 그 누구보다 배우자를 행복하게 해주고 싶었다. 또한, 행복한 가정에서 많은 자녀를 낳고 싶기도 했다(미쳤다고 하겠지만, 축구팀까지는 아니더라도 농구팀 정도는 도전해 보고 싶었다). 하지만 모든 것이 편해져 가던 그때, 〈결혼은 미친 짓이다〉는 영화 제목처럼 '왜 굳이 결혼을 서둘러야 할까?', '편한 싱글 라이프를 포기하고 불편한 결혼을 해야 할까?'라고 생각했다.

'행복=편리함', '불행=불편함'이라는 공식이 머리를 지배하던 나에게 '불편함=성숙=행복'이라는 공식은 낯설고 무서웠다. 하지만 잘 생각해 보면 동서고금을 막론하고 존경받는 참 어른들은 '불편함=성숙=행복' 공식을 삶으로 증명하며 살았다. 삶을 돌아보았을 때 조금도 손해 보지 않고 불편하지 않으려 전전긍긍하는 나의 성숙하지 못한 민낯을 대면했다.

'불편'과 '성숙'이라는 화두는 머릿속을 계속 괴롭혔다. 그러던 어느 날 문득 '지금 내가 가장 불편하다고 생각하는 건 결혼밖에 없는데…. 이런 생각이 자꾸 든다는 건 혹시 결혼해야 한다는 신호가 아닐까?'라는 생각에 도달했다. 결혼이 미친 짓이라면 내 생각은 미친 것이었다. 그런데 라디오에서 말한 내용과 교회에서 말한 내용이 연결되면서 이상하게도 이 미친 생각이 마지막 퍼즐 한 조각 같다는 느낌이 들었다.

이상하게 들리겠지만 나는 불편하기 위해서 결혼했다. 그전까지는 행복을 위해서 어떤 배우자가 어울릴지 탐색했던 이기적인 시간을 보냈었다. 좋은 배우자를 원했지만, 나 자신이 먼저 좋은 배우자감인지는 살펴보지 않았다. 하지만 불편하기로 결단하고 아내를 만났을 때는 달랐다. 내가 아내에게 어떻게 좋은 남편이 될지 고민했다. 상대의 조건이 아닌 나의 성숙에 초점을 맞추려고 했다. 그러자 내 부족함이 보였다. 환상을 좇는 눈에서 진실을 보는 눈으로 변화되어 갔다.

아내는 결혼 전에 내가 살던 7평짜리 원룸에서 신혼살림을 시작해도 상관없다고 했다. 화려한 결혼식도 필요 없고 심지어 웨딩드레스도 입지 않아도 된다고 했다. 겉치레가 아닌 내실을 다져가는 것이 중요하다고 생각했기 때문이다. 돈이 있어야 결혼하는 게 아니라 꿈이 있으면 결혼할 수 있다. 구조적 결손가정에서 자란 나와 심리적 결손가정에서 자란 아내는 서로에게 좋은 배우자가 되는 모습을 그리며 화목한 가정을 꿈꾸었다.

물론 결혼은 필수가 아닌 선택이다. 대가족에서 핵가족, 핵가족에서 개인이 중심이 된 시대에서 결혼 제도의 프레임도 달라져야 한다. 비혼자는 하자가 있어서 결혼하지 못한 사람이 아니다.

자신의 삶을 주체적으로 설계하고 책임과 자유를 진지하게 성찰한 사람이다. 그 자체로 건강한 존재다. 결혼을 준비하는 사람이 오히려 비혼자처럼 자신을 더욱 사랑하고 가족에 대한 책임을 진지하게 고민할 필요가 있다.

기혼자는 결혼을 통해 가족 관계 안에서 깊이 교감하며 성숙해가야 하고, 비혼자는 사회의 다양한 관계 안에서 자신을 사랑해야 한다. 어떤 선택을 하느냐에 따라 결혼은 정말 미친 짓이 될 수도, 더없이 미美친 짓이 될 수도 있지 않을까?

2 여행 같은
   삶을 꿈꾸다

최근 몇 년간 '먹방'이 방송가를 강타했었다. 티브이 채널 어디를 돌려도 식욕을 자극하는 콘텐츠가 난무했다. 우리 부부는 신혼 때 밤늦게 〈맛있는 녀석들〉을 보다 결국 참지 못하고 자정에 도가니탕을 먹으러 간 적도 있었다.

먹방의 열기가 식으면서 여행 콘텐츠가 다시 예능을 장악하고 있다. 여행 예능은 일상에서 벗어나고 싶은 현대인의 마음을 대리 만족해 주기 때문이 아닐까? 〈꽃보다 할배 리턴즈〉에서 동유럽을 여행한 꽃할배들에게 제작진은 청춘으로 돌아간다면 언제로 돌아가고 싶은지 물었다. 이에 박근형과 이순재는 "30대로 돌아가고 싶다"라고 말했고, 신구는 "돌아갈 수 없으니 지금을 즐겨야 한다"

라고 답했다. 김용건은 "다시 태어나고 싶다"라며 눈물을 보였다.

다리가 떨리기 전에 가슴이 떨릴 때 떠나라고 했던 어느 여행 작가의 말이 떠올랐다. 돈은 모을 수 있을지언정 체력과 시간은 고갈될 뿐이다. 그래서 꽃할배들이 고백한 말에는 인생의 무게가 담겨 있다. 특히 '30대로 돌아가고 싶다'는 말에는 많은 의미가 내포되어 있었으리라. 꽃할배들이 그토록 돌아가고 싶었던 30대의 오늘을 누리는 나, 시간에 대한 무거운 책임감을 느낀다. 나는 지금 이 시간을 어떻게 재미있고 의미 있게 보내야 할까?

서울대학교 행복연구센터에서 흥미로운 연구 결과를 발표했다. '재미'와 '의미'를 기준으로 인간을 행복하게 하는 활동을 측정했는데 재미와 의미가 모두 높은 활동으로는 산책, 운동, 수다, 먹기 등이 있었다. 반대로 낮은 활동으로는 티브이 시청, SNS 하기, 컴퓨터 하기 등이 있었다.

서울대학교 심리학과 최인철 교수는 행복의 비법 딱 한 가지만 추천해 달라는 많은 사람의 요청에 주저 없이 '여행'이라고 답한다. 그는 "여행에는 재미와 의미가 모두 높아 행복감을 느끼는 활동인 걷기, 놀기, 말하기, 먹기가 다 포함되어 있다. 여행은 행복의 종합선물세트이자 뷔페와 같다"라고 했다. 이어 "형편이 되어야 여행을 갈 수 있다는 관점부터 바꿔야 한다. 삶의 우선순위를 여행에 두면 여행을 위해 시간과 돈을 투자한다"라고 강조했다.

대학생 때 어머니와 해외여행을 한 해에 두 번 다녀온 적이 있다. 그것이 어머니와 함께한 처음이자 마지막 여행이었다. 대학교 동기들은 나를 금수저로 오해했다. 당시 거주지 이름이 'ㅇㅇ파크빌'이었는데 주소록을 본 동기들은 내가 호화 주택에 사는 줄 알았다고 했다. 그러나 나는 흙수저였고 낡은 5층짜리 빌라 1층에서 월세로 살고 있었다.

입대 전에 어머니와 특별한 시간을 보내고 싶었다. 어머니도 언제 또 이런 시간이 오겠냐며 큰맘 먹고 적금을 깼다. 나도 아르바이트를 하며 여행비를 보탰다. 그렇게 평생 한 번도 해외여행을 해보지 못했던 모자는 한 해에 몰아서 여름에는 유럽, 겨울에는 호주를 다녀왔다. 그 해만큼은 나도 금수저 라이프를 맛보았다.

영국 소설가 알랭 드 보통의 《여행의 기술》에는 낭만파 시인 윌리엄 워즈워스에 대한 이야기가 나온다. "이렇게 알프스가 그의 기억 속에 계속 살아남게 되자 워즈워스는 자연 속의 어떤 장면들은 우리와 함께 평생 지속되며, 그 장면이 우리의 의식을 찾아올 때마다 현재의 어려움과 반대되는 그 모습에서 우리는 해방감을 맛보게 된다고 주장했다. 그는 자연 속의 이러한 경험을 '시간의 점'이라고 했다."

어머니의 죽음 이후 나에게 가장 큰 위로는 여행을 통해 얻은 시간의 점이다. 한 해에 두 번이나 해외여행을 갈 형편이 아니었음에도 돈보다 시간에 우선순위를 두었기에 최고의 선택을 할 수 있었다. 시어머니를 한 번도 대면하지 못한 아내에게 여행 사진을 보여주며 추억을 한참 이야기했다. 사진 속 어머니는 정말 행복한 미소를 짓고 있었고 그 어느 때보다 아름다웠다.

우리 부부는 '결혼하고 연애하자'는 취지로 초고속 결혼식을 올렸다. 여행을 통해 시간의 점을 만드는 데 큰 의미를 두었기에 잔고를 탈탈 털어 틈나는 대로 여행을 다니며 '결혼 후 연애'를 누렸다. 국내외 여행을 비롯해 1년 반 동안 전원주택에서 누린 농촌 여행에 이르기까지 다양한 시간의 점을 만들었다. 특히 프랑스 여행에서는 아내 제안으로 어머니와 사진 찍었던 장소를 그대로 방문해 더욱 특별한 기억을 남기기도 했다.

낭만의 도시 파리에 도착한 우리 부부는 잔뜩 차려입고 삼각대까지 챙겨서 길을 나섰다. 어머니와 사진 찍었던 몽마르트 언덕과 사크레쾨르대성당, 샹젤리제 거리, 에펠탑을 찾아 나섰다. 먼저 몽마르트 언덕을 찾아 구글 지도를 따라가는데 예상치 못하게 소나기가 내렸다. 머리끝부터 발끝까지 흠뻑 젖었다. 이게 무슨 운명의 장난인가. 젖어버린 무거운 몸을 이끌고 도착한 곳은 공동묘지였다. 남산 찾다 국립현충원으로 간 꼴이라고 해야 할까. 나중에 알고 보니 주소가 구글 지도에 잘못 등록되어 엉뚱한 곳으로 안내했던 것이다.

'몽마르트성당'이라고 검색한 후에야 언덕길을 한참 걸어 첫 목적지에 도착할 수 있었다. 어머니와의 추억이 묻은 장소에서 아내와 사진을 찍으니 기분이 묘했다. 어머니와 만든 시간의 점이 10년을 관통해 아내와 만든 시간의 점과 교차하는 순간이었다. 비에 젖고 길을 헤매며 실컷 고생했지만, 시간의 점이 더욱 특별해지도록 도와준 아내에게 정말 고마웠다. 지금도 프랑스를 떠올리면 아내와의 추억, 어머니와의 추억, 또 두 추억이 합쳐진 새로운 추억까지 모두 한꺼번에 감동적인 시간의 점으로 다가온다.

출산 후 우리 부부는 계속 집에만 꽁꽁 묶여 있다. 당분간 여행은 꿈도 못 꾼다. 사랑스러운 아이의 재롱을 보는 것도 즐겁지만, 어른들이 왜 신혼 때 많이 다니면서 즐기라고 했는지 실감이 난다. 돈을 모으는 것도 중요하지만 나는 돈보다 추억을 더 많이 모으려고 애썼다. 월세로 살지언정 여행을 한 번이라도 더 떠나는 것이 훨씬 유익하다고 생각한다. 나중으로 미루기에는 신혼의 시간이 너무 소중하니까. 여행은 한 몸이 된 부부가 더욱 견고해지는 행복한 시간이다.

독일 철학자 에리히 프롬은 저서 《소유냐 존재냐》에서 "소유는 사용에 의해 감소될 수밖에 없는 것들을 바탕에 두고 있다. 하지만 지적 창조력이나 이성, 사랑 같은 존재적 가치는 실행하면 실행할수록 증대된다"라고 강조했다. 이를 최인철 교수는 소유물을 위한 소비를 할 때보다 체험을 위한 소비를 할 때 행복은 훨씬 더 오래

유지된다고 해석했다. 그는 이렇게 강조한다. "사람은 신나게 이야기할 때 행복해지는데 여행은 최고의 이야깃거리를 만들어준다. 그래서 옷이나 자동차로는 인생을 바꿀 수 없지만 여행은 바꿀 수 있다."

안식처를 떠나는 순간에 여행은 시작된다. 그런 의미에서 인생은 여행이다. 근원적 안식처인 모태를 떠나 이 세상에 던져진 우리는 지금까지 나이만큼의 인생이라는 여행을 해왔다. 익숙함을 떠나면 낯선 설렘에 즐거워진다. 우리는 날마다 새로운 날을 맞이하며 즐거운 오늘을 산다.

영국 작가 앤드류 매튜스는 "목적지에 닿아야 행복해지는 것이 아니라 여행하는 과정에서 행복을 느낀다"라고 말했다. 인생이라는 여행도 마찬가지다. 30대에 30평대 아파트를 사고, 40대에 40평대 아파트를 사야 행복해지는 것이 아니라 일상의 소중함과 그 속에서 누리는 소소한 행복이 쌓여갈 때 인생은 아름다운 여정이 된다. 지금 사랑하는 사람과 여행 같은 삶 속에서 '시간의 점'을 만들었으면 한다. 훌쩍 여행을 떠나보자. 힘들 때마다 꺼내 볼 수 있는 마음속 앨범을 평생 간직할지도 모르니까.

3 아버지가 무슨 괴물이야?

"더는 못 참겠네. 왜 그러는 거야? 아니, 우리 아버지가 무슨 괴물이야?" 알콩달콩 깨가 쏟아지던 신혼 2개월 차, 첫 부부 싸움을 했다. 신혼여행을 떠났던 우리 부부는 여행지에서 갑작스레 아버지의 입원 소식을 들었다. 서둘러 귀국해야 했다. 증세는 심근경색이었다. 병원에서는 아버지의 심혈관 세 개 중 두 개가 완전히 막혔고 한 개만 겨우 살아 있어 혈관을 넓히는 시술을 해야 한다고 했다.

마침 아버지 집 이사 시기와 겹쳐 우리 부부는 남은 결혼 휴가 기간을 병간호와 이사를 도우며 보냈다. 아내는 결국 눈물을 보였다. 나는 아내에게 정말 미안하면서도 서운한 마음이 들었다. 여행은 나중에 다시 갈 수 있지만, 부모님은 나중에 다시 보지 못할 수도 있다. 어머니를 떠나보낸 아픔이 가시기도 전에 장례를 치렀던 병원에 아버지가 입원해 있으니 내 마음이 오죽 착잡했으랴. 그런데 아내마저 눈물을 보이니 마음은 더없이 무너졌다.

아내만이라도 나를 이해해 주기를 바랐으나 다 내 마음 같지는 않은 법이다. 아내도 나에게 이해받고 싶은 마음은 똑같았으리라. 아내와 차분히 대화하면서 오해를 풀었다. 단 한 번뿐인 신혼여행에 대한 기대가 무너진 새 신부가 갑자기 닥친 큰일까지 신경 쓰느라 많이 버거웠던 것이다. '아내를 조금 더 이해하려 노력하고 다독였다면 아내가 눈물을 흘리진 않았을 텐데….'

아내는 금방 마음을 다잡고 최선을 다했다. 덕분에 아버지는 무사히 시술을 받고 새집으로 들어갔다. 한 달 후 아내와 상의하여 신혼집을 보여드릴 겸 아버지를 하루 모시기로 했다. 그런데 아내가 이상했다. 평소 말이 많고 밝은 아내가 그날따라 말수가 없고 표정이 굳어 있었다. 내가 무슨 큰 실수라도 한 것일까? 아내 눈치를 보면서 나도 점점 말수가 줄어들고 표정이 어두워졌다.

아버지가 잠든 후 나는 침실로 와 등을 돌리고 누웠다. 아내는 왜 그러냐고 물어보았다. 나는 아무것도 아니라며 세상 쿨한 척하고 싶었지만, 거듭되는 추궁에 결국 폭발하고 말았다. "더는 못 참겠네. 왜 그러는 거야? 아니, 우리 아버지가 무슨 괴물이야? 시집살이시키는 시어머니도 아닌데… 아까 저녁 먹을 때부터 말도 거의 안 하더니 내내 굳은 표정으로 그렇게 싫은 티를 내니까 기분이 나쁘지."

공식적인(?) 첫 부부 싸움이었다. 아내는 화를 내는 나를 금방 무안하게 만들었다. "결혼해서 처음 시아버지를 집에 모시는 건데 잠자리는 편하실지, 내일 아침밥은 어떻게 맛있게 해드릴지 온갖 신경을 쓰다 보니 그랬어. 어려워서 그런 거지 기분 나쁜 게 아니야. 미안해." 화가 나 빨개진 내 얼굴이 부끄러움에 더 빨개졌다.

취업 사이트 파인드잡이 '여성 행복지수'를 조사한 결과, 특히 30대 여성의 현재 삶의 만족도가 가장 낮게 나타났다. 심리학자 대니얼 레빈슨은 "여자의 30대는 특별히 힘든 시기로 접어드는 때"라며 인생을 난이도순으로 나눈다면 난이도 '중'에서 '최상'으로 바뀌는 시기라고 말했다.

아내도 결혼하면서 인생의 가장 어려운 변화를 겪고 있었을 텐데 이해보다 오해를 먼저 한 남편에게 얼마나 서운했을까? 나는 결혼 생활을 통해 여자의 입장이 남자와는 아주 다르다는 것을 조금씩 이해했다. 남성 중심적인 결혼 제도에 젖어 불편함을 몰랐다. 아주 사소한 것도 아내에게는 큰 부담으로 다가온다는 사실을 알게 되었다. 아내는 나보다 약자이기 때문이다.

보수적이기로 유명한 경상도 출신 부모님 슬하의 장남인 나는 가부장제의 불편한 진실을 모른 채 자랐다. 맏며느리가 된 어머니는 제사나 명절 때면 항상 녹초가 되었다. 대가족에 대식가인 식구의 밥을 하느라 온종일 방바닥에 궁둥이를 붙이지 못했다. 반면에 아버지는 방바닥에 등을 붙이고 누워 있거나 식사하거나 둘 중 하나였다. 원래 결혼 생활이 다 그런 것인 줄 알았고 불공평하게 느껴지지 않았다.

나는 우리 아버지 세대보다 훨씬 더 진보적이라고 생각했다. 아내를 위해 요리도 해'주'고 빨래도 널어'주'고 쓰레기도 버려'주'는 나름 훌륭한 남편이라는 자부심이 있었다. 하지만 가사는 해주는 것이 아니라 함께 분담해야 하는 일이라는 것을 알게 되었다. 현명한 아내와 대화를 나누며 내 안에 뿌리 깊이 자리 잡은 보수성을 발견했다. 처음으로 가부장제의 폐해와 페미니즘에 관심을 두기 시작했다. 결혼의 목표가 '좋은 남편 되기'였기 때문이다.

청와대 청원 게시판에 "여성이 결혼 후 불러야 하는 호칭 개선을 청원합니다"라는 글이 올라와 화제가 되었다. 게시자는 "여성이 결혼 후 시댁에서 호칭은 대부분 '님'자가 들어간다. 심지어 남편의 결혼하지 않은 여동생과 남동생은 아가씨와 도련님이라고 부른다. 그러나 남성이 결혼 후 처가의 호칭은 '님'자가 없고 처제, 처형이다"라고 문제를 제기했다. 한 네티즌은 집조차 '시댁', '처가'라고 한다며 남편 집과 아내 집의 호칭에도 차이가 있다고 지적했다. 시댁의 '댁'은 남의 집이나 가정을 높여 부르는 말이지만 처가의 '가'는 같은 호적에 있는 친족 집단을 이르는 말로, 남편의 가족만 높이는 것이다.

나는 이 세상에서 가장 무서운 말이 '당연하다'이다. 당연하게 부르던 호칭 속에 차별이 존재하고 그것이 약자에게는 폭력이 된다는 사실에 충격을 받았다. 서서히 뜨거워지는 물에서 죽어가는 냄비 속 개구리처럼 불편함을 느끼지 못하고 당연하게 여길 때 우리 영혼은 죽어간다. 말이 씨가 되는 법이다. 평등 사회를 꿈꾼다면 서로를 부르는 말부터 평등해져야 한다.

2016년 '강남역 묻지마 살인사건'은 페미니즘의 도화선이 되었다. 조남주 작가의 《82년생 김지영》은 베스트셀러에 오를 정도로 한국 사회에서 페미니즘에 대한 관심과 공감이 확대되었다. 서지현 검사의 폭로는 미투 운동의 기폭제가 되었다. 연예계, 법조계, 학계 등 분야를 막론하고 온갖 오물이 수면 위로 떠올라 구역질을 유발했다.

지금의 페미니즘 운동은 역사적으로 누적되어 온 억압의 분노가 표출된 결과라고 생각한다. 우리는 지금 평등과 해방을 향해 나아가는 변곡점에 서 있다. 서양에서는 이미 페미니즘의 역사가 100년이나 되었지만, 각 분야에서 여전히 차별 문제가 드러나고 있다. 우리는 이제 시작 단계라 좌충우돌이 불가피하다.

여성은 남성에게 역사적 책임을 묻는다. 현시대를 사는 남성은 억울할 수 있다. 나도 《82년생 김지영》을 읽으며 여성의 아픔을 이해하는 한편 '조상들이 저질러놓은 역사적 과오를 왜 우리 세대의 남성에게 묻는가?'라는 억울함도 느꼈다.

일제 치하에서 선조들이 받았던 억압의 분노가 지금에 와서도 사그라지지 않는 이유가 무엇인가? 오늘날 일본인이 왜 과거의 책임을 자신에게 묻냐고 한다. 역사 교과서도 왜곡한다. 피가 거꾸로 솟는 일이 아닐 수 없다. 우리는 독일의 모델로 가야 한다. 독일은 홀로코스트의 역사적 과오를 "윗세대가 안 했다면 우리라도"라고 외치며 계속해서 '과거 반성'을 한다. 지금도 희생자를 추모하고 사죄한다. 진정한 사과는 상처를 입은 자가 용서할 때까지 반복하는 것이다.

남성을 무슨 일제와 나치에 비유하냐고 분노할 수 있다. 그러나 약자는 그렇게까지 느낄 수 있음을 인정해야 한다. 여성이 왜 그렇게 극단적인 방법까지 동원해 피 토하며 울부짖는지 알아야 한다. 알아야 대화를 할 수 있다. 한쪽에서 먼저 인정하고 반성하지 않는다면 결국 우리 사회는 와해되어 산산조각이 날 것이다.

혐오 시대에도 불구하고 여전히 많은 남녀가 사랑하고 결혼한다. 그리고 아이를 낳는다. 지금 우리가 왜 풍요 속의 빈곤을 느끼며 상처받는가? 진정한 삶에 대한 철학적 고민 없이 물질주의를 맹신한 결과가 아닌가. 어떻게 편리하게 살 것인지가 아니라 불편하더라도 어떻게 올바르게 살 것인지를 고민해야 하는 시점이다.

우리 모두 페미니스트가 되어야 한다는 말이 아니다. 남성이 여성에게 백 퍼센트 공감한다는 것은 불가능하다. 그럼에도 이해를 넘어 공감을 향해 계속 나아가고자 해야 한다.

심리상담가 한기연은 "여성은 남성에 비해 평생 두 배에서 여섯 배에 이르는 우울증을 경험한다. 그만큼 여성에게는 표현하지 않고 억압하는 부정적인 감정이 많다"라고 말했다. 여성이 약자임을 잊어서는 안 된다.

종이에 손을 살짝만 베여도 쓰라리고 아프다. 하물며 나와 한 몸인 아내가 힘들어하는데 그 이유도 모르고 공감하지 못한다면 어떻게 행복한 결혼 생활을 하겠는가? 나는 최소한 아내만큼은 행복하게 해주고 싶다. 아내가 행복해야 가정도 행복하고 가정이 행복해야 나라도 행복한 법이다. 맞서는 자의 치졸함보다 품는 자의 품격이 절실한 때다.

4　결혼한다고 저절로
행복해지는 건 아니다

　　부부에게는 무엇이 가장 중요할까? 결혼정보 회사 듀오의 설문조사 결과, 5명 중 1명은 결혼 상대의 가장 중요한 부분이 '가치관'이라고 답해 가장 높은 비율을 차지했다. 상대의 조건보다 가치관을 중시하는 청년이 늘었다.

　　한평생 같이 살 부부에게는 시간이 지나도 변하지 않는 가치를 함께 추구하는 것이 무엇보다 중요하다. 그것은 '부부의 꿈'이다. 버킷 리스트와 같이 단순히 나열하는 희망 사항이 아니라 부부를 진정 행복하게 하는 가치관이다. 결혼 4년 차가 된 우리 부부는 결혼의 목표가 '행복'이 아닌 '꿈'에 있음을 조금씩 체득해 간다.

　　감정에 초점을 둔 부부 관계 연구의 세계적 권위자 존 가트맨 박사는 14년 동안 부부 650쌍을 추적 조사하고,《행복한 부부 이혼하는 부부》를 집필했다. 책에서 그는 "행복한 부부는 결혼 생활을 통해 서로의 꿈을 실현하려고 노력한다. 행복한 결혼은 부부의 깊은 우정으로부터 성립된다"라고 주장했다.

여기에서 우정이란, '부부가 협동 생활자로서 서로 존경과 기쁨을 나누는 것'을 의미한다. 존 가트맨 박사가 제시한 행복한 결혼 생활을 위한 일곱 가지 원칙을 정리하면 다음과 같다.

1. '애정 지도(배우자의 인생과 관련된 정보를 머릿속에 그려놓은 지도)'를 상세하게 그릴 것. 정서적 지능으로 결합된 부부는 견고하다.

2. 상대방을 배려하고 존중하는 마음을 기를 것. 배우자에 대한 플러스 감정은 경멸의 말을 해독시킨다.

3. 상대방에게서 달아나지 말고 진심으로 대할 것. 수다 떠는 것을 좋아하는 부부는 앞으로도 행복한 결혼 생활을 계속할 수 있다.

4. 상대방의 의견을 존중할 것. 배우자의 의견을 무시하는 부부는 이혼 확률이 높다.

5. 해결 가능한 문제는 두 사람이 해결할 것. 불만을 말해도 비난은 하지 말아야 한다.

6. 둘이서 막다른 골목에 부닥친 상황을 극복할 것. 서로의 꿈을 나누며 기다리고 양보하는 자세가 필요하다.

7. 함께 공유할 인생의 의미를 발견할 것. 부부의 결합은 강해지고

결혼 생활은 풍족해지며 많은 성과를 거두게 된다.

결혼 전, 프러포즈했을 때 아내는 이렇게 물었다. "오빠는 결혼을 왜 하려고 해?" 나는 어릴 적부터 '꿈'이 있었기에 고민하지 않고 대답했다. "좋은 남편이 되고 싶어. 그게 나의 꿈이야." 항상 머릿속을 맴돈 질문이 있었다. '부모님은 아빠, 엄마로서는 나에게 최고인데, 왜 부부로서는 서로 최악일까?' 어머니는 아버지를 사이코패스로, 아버지는 어머니를 소시오패스로 여기는 가정환경 속에서 나는 고래 싸움에 등 터진 새우 신세였다.

아내도 나와 비슷한 고민을 하며 성장했다고 고백했다. "나도 어릴 때부터 좋은 아내가 되는 게 꿈이었어." 우리 부부는 정식으로 교제한 지 4개월 만에 결혼했다. 결혼에 '같은 꿈'보다 더 큰 확신은 없었다. 결혼을 준비하며 서로의 꿈을 돕기 위해 실천해야 할 기준을 정했다. 바로 '부부 계명'이었다. 아내와 함께 고민하며 많은 대화를 나누고 하나씩 써 내려갔다. 첨삭을 거쳐 최종 여덟 개 항목으로 정리했다.

1계명, 부부 계명을 벽에 붙여놓고 매일 묵상한다. 보통 부부 싸움이 커지는 이유는 계속 자기주장만 옳다는 식으로 설득하려고 들기 때문이다. 그러나 부부 계명은 나의 그릇된 생각을 비춰주는 거울과 같다. 침실 벽에 붙어 있으니 매일 보지 않을 수가 없다.

서로 합의한 가치관의 기준 앞에 서면 나도 아내도 금방 꼬리를 내린다. 그날 바로 화해하고 잠자리에 들 수 있다.

2계명, 남편은 사랑을, 아내는 존중을 서로 먼저 노력한다. 아내가 남편을 예수 그리스도에게 순종하듯 섬기고 남편이 아내를 예수 그리스도가 희생한 것처럼 사랑하라는 성경 말씀에서 착안했다. 이 무슨 시대착오적인 소리인가 싶겠지만, 가만히 보면 남편에게 훨씬 더 높은 책임을 요구한다는 것을 알 수 있다. 예수가 십자가에 못 박혀 죽은 것처럼 남편은 목숨을 다해 자신보다 아내를 더 사랑하라고 강조하기 때문이다. 남편은 아내를 사랑하고 아내는 남편을 존중할 때 가정의 질서가 바로 선다.

3계명, 자녀는 부모의 것이 아님을 잊지 말고 스스로 독립적으로 서도록 한다. 부모의 욕심으로 자녀를 억압하지 말자는 의미다. 부모의 욕심과 기대 때문에 자녀는 병들고, 그런 자녀를 보며 부모도 병든다. 어린 자녀에게 "건강하게만 자라다오"라고 했던 초심을 유지해야 한다. 나 자신만 보아도 알 수 있듯이 결국 자녀는 부모 욕심대로 빚어지지 않는다. 자녀는 조건이 아닌 존재 자체로 사랑해야 한다.

4계명, 서로의 최우선 순위는 부모, 자녀, 형제가 아닌 바로 '배우자'임을 늘 생각한다. 부부가 가정의 중심임을 상기하려고 정한 기준이다. 예능 프로그램 〈라디오스타〉에 출연한 홍서범이 가정에서 남자가 중심이 되어야 한다고 말하자 최수종은 가정의 중심은 부부가 되어야 한다고 했다. MC 김국진은 "최수종 씨가 정답이다. 그런데 그렇게 살기 어려워서 문제다"라고 했다. 성경에서는 '남녀가 부모를 떠나 한 몸을 이루는 것'이 결혼이라고 말한다. 가정의 중심은 부부임을 잊지 말자.

5계명, 부부간 육신의 결합은 온몸으로 나누는 대화이므로 최선을 다해 노력한다. '혼후순결'을 추구하는 섹스리스 부부가 되지 않기 위함이다. 대한민국은 경제, 기술, 문화 등 다양한 분야에서 세계적인 발전을 이룩했지만, 성 문화만큼은 제자리에 머물러 있다. 비아그라를 만든 한국화이자제약의 조사에 따르면 전 세계에서 대한민국은 성관계를 가장 중요시하는 나라 1위지만, 성적 만족도는 가장 낮은 나라 1위다. 부끄러울 게 하나도 없는데 부끄럽게 느껴지는 성 이야기를 우리 부부는 솔직하게 나눈다. 부끄러울수록 더욱 솔직하게 대화를 나누는 것이 중요하다.

6계명, 배우자에게 불만이 있을 때 솔직하게 알리고 풀릴 때까지 대화한다. 아내는 화가 나면 입을 꾹 다물고 자기 마음에 화풀이하다 병이 난다. 우리 부부가 크게 다투었을 때 몸져누웠던 아내를 위해 나는 전복죽을 끓여 바치면서 용서를 빌었다. 나는 속에 담아두지 못하는 성격이라 바로 이야기하거나 문자, 편지 등으로 표현한다. 이제는 서로 마음속 이야기를 꺼내는 타이밍의 간격이 많이 줄어들었다. 아내는 조금 더 빨리 이야기하려고 애쓰고, 나는 조금 더 기다리려고 노력한다.

7계명, 서로가 부족함을 인정하고 그 부족함을 내가 채워줘야 함을 안다. 부부가 서로 돕는 배필임을 잊지 않기 위함이다. 완벽한 인간은 없다. 누구나 결점과 약점이 있다. 둘이 서로 부족한 점을 돕고 보완하면서 하나의 완전한 인간이 되어가는 과정이 결혼이다. 잔소리하는 순간 싸움이 된다. 아내는 지금까지 단 한 번도 잔소리를 한 적이 없다. 묵묵하게 나의 부족함을 채워준다. 고마운 마음에 나도 채우려고 노력한다. 아내 이야기에 경청하고 매일 많은 이야기를 나눈다.

8계명, 사랑은 상대의 조건이 아니라 나의 인격이다. 자신을 제어하는 가장 강력한 도구이다. 누구나 사랑할 만한 사람을 사랑하는 건 진정한 사랑이 아니다. 아무나 할 수 있는 일이기 때문이다. 진정한 사랑은 감정이 아니다. 나 자신의 의지와 인격이다. 전문가에 의하면 감정에 치우쳐 결혼하면 3년을 못 가는 호르몬 때문에 점점 불행해진다. 상대의 조건보다 나의 인격이 더 중요하다는 것을 기억하며 우리 부부는 수시로 "사랑해, 고마워"라는 말을 서로에게 건넨다.

결혼기념일에는 부부 계명을 보며 감사함을 나누었다. 항목별로 서로를 평가하고 피드백하는 시간도 가졌다. "같은 지향점과 기준이 있다는 건 부부에게 너무 중요하다고 생각해. 의견 차이가 생겨 다툴 때도 있었지만, 같은 기준 안에서 서로가 무엇이 옳은지 알고 꿈을 향해 함께 나아가서 참 감사해." 아내의 고백은 깊은 울림이 있었다.

우리 부부는 이 계명을 아침에 일어나서 밤에 잠들기까지 늘 곁에 두고 곱씹고 상기한다. 행복하려고 결혼하면 '불행'해지지만 서로의 꿈을 이루기 위해 도우면 '행복'해진다. 부부 계명은 초보 부부가 발견한 결혼의 첫 번째 보물이다.

아내와 상의하여 조만간 '부모 계명'도 만들 준비를 하고 있다. 인생 선배들에게 지혜를 구하면서 우리 부부가 자녀로서 어떻게 자라왔는지 되돌아보는 시간을 가지려고 한다.

5   자연스러운 삶을
    추구하다

2017년 가을부터 1년 반 동안 버킷 리스트 중 하나였던 전원생활을 했다. 경기도 일산의 미개발 지역에 있는 농가 주택은 내부를 현대식으로 수리하여 전통과 현대의 조화를 잘 이루었다. 'ㅁ'자 구조로 된 한옥의 작은 안뜰에서 가끔 그릴에 고기를 구워 먹기도 하고 햇볕에 이불을 말리기도 했다. 밤에는 기와지붕 위로 뜬 달을 감상하기도 했다. SNS에 올린 집 사진을 보고 지인들은 어떻게 이런 집을 구했냐며 부러워했다.

우리 부부의 첫 보금자리는 엘리베이터가 없는 전셋집 빌라 5층이었다. 계약 전에 건물주는 "5층이라 옥상도 바로 위에 있으니 고기도 구워 먹고 마음껏 이용하세요"라고 했었다. 그러나 5층에 살면서 옥상을 이용하기란 여간 힘든 일이 아니었다. 고기를 구워 먹으려고 하면 건물주가 "바닥에 불똥이 튀면 방수 페인트가 녹는다", "바람이 많이 불어서 불이 날 수도 있다"라는 이유로 옥상 이용을 금지했다. 층간 소음 또한 너무 심해 아랫집에서 의자 끄는 소리, 화장실에서 양치하다 헛구역질하는 소리, 심지어 휴대폰 진동 소리도 들릴 정도였다. 더 큰 문제는 임신하여 배가 점점 불러오는 아내가 계단을 오르내려야 하는 것이었다.

앞에서 이야기했듯 우리 부부는 독일에서 한 달간 전원주택 마을에 머무른 적이 있다. 집 앞뜰에서 아이와 함께 시간을 보내는 독일 부부의 모습이 인상적이었다. 아내와 동네를 걸으며 "우리도 나중에 아이가 태어나면 전원생활 하는 게 어때? 아이가 자연과 가까이 지내면 정말 좋을 거 같아"라는 이야기를 나누었다.

그로부터 8개월 후, 부부의 꿈은 현실이 되었다. 만삭인 아내가 계단을 오르내리지 않아도 되는 1층, 아이가 마음껏 뛰어놀아도 층간 소음을 걱정할 필요 없는 단독주택에 살게 되었다. 주말마다 김포로, 파주로 전원주택 전셋집을 찾으려고 열심히 돌아다녔다. 전세가가 너무 비싸 대안으로 땅콩 주택도 알아봤지만, 예산으로는 어림없었다. 거의 포기 상태로 현실을 직시하며 1층 빌라를 살펴보았다. 하지만 전원생활에 대한 꿈을 나중으로 미루기에는 미련이 계속 남았다.

혹시나 하는 마음으로 매물 검색 앱을 뒤졌다. 그런데 아주 싼 가격에 급전세로 나온 전원주택이 있었다. 허위 매물은 아닐까 의심했지만 밑져야 본전 아닌가. 일단 가보기로 했다. 실상은 이러했다. 아파트에서만 살았던 중년 부부가 집이 예뻐 구입하고 내부 수리까지 했지만, 전원생활이 녹록지 않았다고 했다. 그래서 1년 반 만에 전세를 놓고 아파트로 돌아간다고 했다. 이런 횡재가 어디 있나.

직장 생활 10년을 통해 확실히 얻은 개념은 '값 지불'이다. 한마디로 '세상에 공짜는 없다'는 뜻이다. 우리 부부는 매일 "이거 실화야?"라고 말하며 전원생활의 기쁨을 만끽했다. 그러나 값 지불이 필요했다. 겨울에는 집이 너무 추워 출산 후 한 달간 아내와 처가댁에 피신했었다. 도시가스가 들어오지 않는 지역이라 기름보일러를 돌리는 난방비 부담도 꽤 컸다. 옛날에는 집집이 다니며 인분을 퍼내는 '똥퍼'라는 직업이 있었다는데, 이사 와서 난생처음 전설 속의 똥퍼를 만났다. 집에 하수 시설이 되어 있지 않아 업체를 불러 정기적으로 정화조를 퍼내는 작업을 해야 했다.

하나씩 적응해 가던 어느 날 새벽, 나는 주방에서 미키마우스와 눈이 마주쳤다. 아파트, 빌라에서만 평생을 살아온 나였다. 아주 어릴 때 동네에서 죽은 쥐를 본 적은 있었지만 이렇게 생생한 쥐는 처음이었다. 내가 발견했기에 망정이지 만일 아내였으면 그 자리에서 기절했을지도 모른다. 러시아 불곰 같은 나의 기세에 눌

렸는지 작은 쥐는 0.5센티미터도 안 되는 틈으로 도망쳤다. 당시 생후 100일도 안 된 아들도 집에 있었기에 서둘러 방역 업체를 불러 집안 곳곳을 진단했다. "쥐는 머리가 들어갈 틈만 있으면 어디든 침투할 수 있어요"라는 직원의 말에 경악했다. 예상 침투 경로로 의심이 되는 틈을 비롯해 곳곳에 쥐약을 설치했다. 무장 지대가 된 주방을 보며 일단 한숨을 돌렸다. 하지만 언제까지 긴장감 속에 살 수는 없었다.

영화 〈리틀 포레스트〉를 통해 담백한 영화가 던지는 잔잔한 파급력에 매료되었다. 그래서 무장 지대의 긴장을 비무장 지대의 평화로 바꿔줄 공간 나의 '리틀 포레스트'를 만들었다. 집 뒤편 4평 남짓한 텃밭에는 말라비틀어진 고추 몇 개가 달려 있었다. 군대에서 배운 삽질을 다시 쓰는 날이 오다니. 잠시 군대의 추억 속에서 텃밭을 갈았다.

텃밭을 가꾸기 전에는 비가 오면 출근길 걱정부터 했다. 비가 출근길을 방해하는 장애물로 보였다. 그러나 비가 생명수로 보이기 시작했다. 고개 든 초록빛 생명을 촉촉이 적셔줌에 감사했다. 초짜 농부인 주제에 나는 실험 정신을 발휘했다. 작은 텃밭을 반으로 나누어 한쪽에는 줄지어 상추 씨앗을 정성 들여 심었다. 다른 쪽에는 씨앗을 마구잡이로 흩뿌렸다. 나름 자연과 인간의 대결이라고 해야 할까. 어떤 결과가 나올지 궁금했다.

이 주 후 1라운드 결과는 '인간 밭(씨앗을 줄지어 심은 밭)'의 승리였다. 상추 싹이 예쁘게 줄지어 올라왔다. 반면에 '자연 밭(씨앗을 흩뿌린 밭)'에는 정체 모를 풀이 먼저 돋아났다. 땅 위로 고개를 내민 싹을 처음 맞이한 기쁨 반, 인간 밭의 승리를 자축하는 우쭐함 반으로 열심히 사진을 찍어댔다. 스코어는 1대 0.

그로부터 삼 주 후 2라운드 결과는? 또 인간 밭의 승리였다. 더 촘촘하게 자라난 상추가 줄지어 우아한 자태를 뽐내고 있었다. 자연 밭에서도 제법 상추가 자라났지만, 발육이 좋은 인간 밭 친구들에게는 역부족이었다. 스코어는 2대 0.

다시 이 주 후 진행된 3라운드에서는 이변이 일어났다. 자연 밭의 친구들이 무섭게 자라나 인간 밭을 위협했다. 마치 영화 〈캡틴 아메리카: 시빌 워〉의 공항 전투 신이 연상되었다. 대등한 전투력을 가진 영웅들이 두 패로 나뉘어 서로를 향해 달려가는 장면의 짜릿함이란. 양쪽 밭의 친구들이 기세등등하게 자라고 있었다. 결과는 무승부였다.

흥미진진한 전개, 대망의 4라운드 결과는? 이럴 수가! 자연 밭의 역전승이었다. 그냥 역전승도 아니고 대역전승이었다. 어떻게 한 달 만에 이런 대역전극이 펼쳐졌을까? 인터넷으로 상추 재배에 관한 정보를 찾아보았다. 아뿔싸. 그동안 인간 밭 상추의 솎아주기(실한 식물을 가꾸기 위해서 실하지 않은 식물을 솎아내는 일)를 해주지 않은 것이었다. 솎아주기를 하지 않으면 식물이 자라면서 서로 엉

키고 부대껴서 더 크게 자라나지 못한다고 한다. 초짜 농부의 무식이 탄로 난 순간이었다. 스스로 무지를 탓하며 반성의 마음을 담아 솎아주기와 잡초 제거를 했다.

한때 잘 나갔던 인간 밭의 상추가 불쌍해 보였다. 게다가 솎아주기를 위해 절반의 무고한(?) 친구들을 뽑아내야 했다. 영화 〈어벤져스: 인피니티 워〉에 등장하는 타노스가 떠올랐다. 스톤을 모아 절대 능력을 가진 타노스. 그는 두 손가락만 튕겨도 우주의 절반에 해당하는 생명을 사라지게 할 수 있다. 나는 그동안 정든 생명을 두 손가락으로 잡고 절반이나 뽑아내는 텃밭의 '타노스'가 되어 있었다.

자연 밭의 상추는 씨앗을 흩뿌렸던 덕분에 알맞게 간격이 벌어져 있었다. 자라나기에 더없이 좋은 조건이었다. 자연의 손길이 키운 상추는 늠름한 자태를 드러냈다. 자연스럽게 자란 상추를 보며 사전을 찾아 "자연스럽다"의 본질을 생각해 보았다.

1. 억지로 꾸미지 아니하여 이상함이 없다.
2. 순리에 맞고 당연하다.
3. 힘들이거나 애쓰지 아니하고 저절로 된 듯하다.

나는 자연이 좋다. 자연스럽기 때문이다. 자연에는 인간의 욕심과 억지가 투영되지 않는다. 인간의 욕심과 억지는 자연을 거스른다. 부자연스럽기 때문이다. 유력한 사람의 욕심과 억지로 4대 강이 병들었다. 가정 또한 마찬가지다. 부모의 욕심과 억지가 자녀를 병들게 한다.

나는 자연에서 답을 얻고자 한다. 자연스럽게 살고 싶다. 자연스러운 사회에서 구성원 모두 자연스럽게 나아갔으면 한다. 욕심과 억지를 부리지 않고, 자연스러운 어른이 되고 싶다. 자연스럽게 자라는 상추를 보며 아이도 그렇게 자라가기를 소원한다. 인간도 자연임을 늘 잊지 않은 채.

6 부모다운 부모가
된다는 것

"오빠, 스드메 정하고 드레스투어 해야 하는데 시간 언제 괜찮아?" 2015년 가을 끝자락에 우리 부부는 결혼 준비로 분주했다. '스드메? 드레스투어?' 외국인을 만난 듯 생전 처음 들어보는 낯선 단어에 얼어붙은 나에게 아내는 친절히 설명해 주었다. "스드메는 스튜디오, 드레스, 메이크업을 말하고 드레스투어는 예쁜 드레스를 고르기 위해 여러 군데 드레스숍을 둘러보는 거야." 이건 시작에 불과했다. 결혼 용어가 외국어였다면 육아 용어는 외계어라고 해야 할까?

스와들업(속싸개), 바운서(아이를 재우거나 혼자 놀게 할 때 사용하는 의자), 치발기(치아 발육기) 등 생소한 단어를 공부하며 초보 부모로서 조금씩 적응해 갔다.

육아 일기를 보니 웃음이 나온다. 지금도 초보인 주제에 완전 생초짜였던 때를 돌아보니 시집《지금 알고 있는 걸 그때도 알았더라면》제목처럼 벌써 아련한 추억으로 느껴진다. 알아야 면장도 하고 부모도 하나 보다. 아기는 분명 이유 없이 울지 않는데 도통 그 이유를 알 수 없으니 발만 동동 굴렀었다. 육아휴직 사 주 차 일기에는 이런 내용이 적혀 있다.

생후 120일 된 아이를 관찰하면 참 재미있다. 아이는 3요소가 갖춰진 상태가 되면 폭풍 애교를 부린다. 자고 일어나 뽀송뽀송한 기저귀를 차고 배가 부를 때 부족함을 느끼지 않는 것 같다. 눈웃음과 발길질, 온몸으로 행복을 표현한다.

그러나 한 번씩 아무것도 통하지 않을 때가 있다. 집이 떠나가라 서럽게 폭풍 오열한다. 몹시 서운해진다. 아이를 위해 모든 걸 다해주고 싶은데 서럽게 우는 아이가 야속하기만 하다. 아이를 통해 나의 모습을 본다. 부모님도 나를 이렇게 키우셨을 텐데 머리가 컸다고 부모님을 가르치려 들었던 때가 생각난다. 심히 부끄럽고 죄송하다. '내리사랑은 있어도 치사랑은 없다'는 의미를 이제야 조금 알 것 같다.

지금 아이를 볼 때 일기 속 아이는 정말 천사였구나 싶다. 인생 선배들이 "누워 있을 때가 가장 귀여운 거다"라고 했던 말을 실감하며 온갖 물건을 헤집고 뛰어다니는 아이와 사투를 벌인다. 의사 표현이 확실해져서 조금만 마음에 들지 않아도 발버둥을 치며 울기 일쑤다. 제법 무거워진 데다 힘도 장사여서 앞으로 아들과 놀기 위해 미리 체력을 길러놓지 않으면 안 되겠다는 생각이 든다.

우리나라에는 중 2가 무서워서 전쟁이 안 난다는 말이 있을 정도로, 자식이 중학교 2학년이 되면 부모가 감당하기 힘들다고 한다. 회사 선배 SNS에서 '중2병'에 걸린 아이에 대한 분노와 탄식 섞인 글을 본 적이 있다. 내가 지금 아무리 힘들다고 해도 아이가 중 2가 되면 지금이 정말 행복했다고 추억할 것이 분명하다. 이렇게 생각하면 지금 이 순간이 가장 행복한 시간인데도 사람은 간사해서 과거의 행복을 추억하고 미래의 행복을 기대하나 보다.

2017년 칸 국제영화제에서 영화 〈어느 가족〉으로 황금종려상을 수상한 고레에다 히로카즈 감독의 또 다른 가족영화 〈그렇게 아버지가 된다〉를 보았다. 이 영화는 세계적인 거장 스티븐 스필버그가 세계 모든 사람이 보았으면 좋겠다고 극찬하기도 했다.

〈그렇게 아버지가 된다〉에는 두 아버지가 등장한다. 빈틈없는 엘리트 직장인 료타와 허술하고 게으른 전파상 유다이다. 료타는 여섯 살 된 아들 케이타를, 유다이는 케이타와 동갑인 류세이를 키우고 있었다. 그런데 어느 날 료타와 유다이는 병원으로부터 청천벽력 같은 소식을 듣는다. 자신의 아들이 친자식이 아니라 병원에서 바뀐 아이였다는 것이다.

료타는 그동안 케이타를 자신과 같이 완벽하게 키우려는 냉정한 아빠였다. 료타 눈에 케이타는 늘 한심하고 답답한 존재였다. 병원에서 충격적인 소식을 듣고 그는 "역시 그랬구나"라며 한편으로는 안도하는 모습을 보인다. 반면에 유다이는 '내일 할 일을 오늘 할 필요가 없다'는 신조를 가진 게으른 가장이었지만 류세이에게는 더없이 자상한 아빠였다. 류세이의 눈높이에서 함께 놀고 대화하며 늘 아들이 웃음을 잃지 않도록 지켜주었다.

두 아버지는 주말에 하루씩 서로의 친자식을 집으로 데려와 함께 자며 적응기를 거친 후 케이타와 류세이를 영원히 '교환'하려 했다. 유다이는 료타에게 이렇게 조언한다. "료타 씨는 나보다 젊으니 아들과 시간을 더 보내는 것이 어때요?" 이에 료타는 "시간만 중요한 것이 아니죠"라고 대답한다.

"무슨 소리예요? 애들한텐 시간이에요!"

"제가 아니면 안 되는 일이 있어서요."

유다이는 쏘아보며 이렇게 말한다.

"아버지란 일도 다른 사람은 못 하는 거죠."

적응기를 거쳐(아이들은 적응하지 못했지만) 료타는 케이타와 류세이를 마침내 바꾼다. 그러나 시간이 지날수록 자유롭게 자란 류세이를 보며 료타는 자신의 욕심으로 억압했던 케이타를 떠올린다. 참회의 눈물을 흘리던 그는 결국 참지 못하고 케이타를 보러 간다. 그런데 케이타는 "아빠는 아빠가 아니야!"라며 도망친다. 료타는 케이타를 쫓아가 진심으로 사과한다. 아빠 노릇을 제대로 하지 못해 정말 미안하다는 말에 마침내 둘은 화해의 포옹을 한다.

　낳은 정보다 기른 정이 더 무섭다는 말이 있다. 이 영화를 보며 부성은 단순히 핏줄에서 생기는 게 아니라는 사실을 절감했다. 아버지는 료타 같은 할아버지의 권위적인 모습이 싫어서 유다이 같은 아빠가 되려고 처절하게 노력했다. 어릴 때 아버지와 계곡에서 물고기를 잡고, 산에서 밤을 따던 기억이 난다. 아버지는 내가 해 달라는 것과 사달라는 것을 단 한 번도 거절한 적이 없었다. 사소한 것에도 칭찬을 아끼지 않았고 언제나 내가 최고라고 인정해 주었다. 아버지가 할아버지에게 그토록 듣고 싶었던 칭찬을 아낌없이 부어준 것이다.

　나는 그 무섭다는 중학교 2학년 때도 아버지와 뽀뽀할 정도였으니 어머니가 우리 부자 사이를 질투할 만도 했다. 아버지는 내가 어떤 선택을 하든 늘 존중하고 응원했다. 지금도 나의 글을 볼 때마다 최고의 작가가 탄생했다며 칭찬한다. 아버지의 격려는 새로운 도전을 하는 데 큰 힘이 된다.

　부모는 자녀의 역사적 첫 순간에 열광한다. 나는 2017년 임신 테스트기에 두 줄이 생긴 그때를 잊을 수 없다. 첫 임신이었다. 태아의 건강을 위해 기도했던 순간이 지나고 2018년 1월 아이가 태어났다. 출산이라는 역사적 첫 순간의 감동이 아직도 생생하다.

그런데 왜 부모는 자녀의 역사적 첫 순간을 점점 잊어가는 것일까? 나는 다짐한다. 자녀의 '조건'이 아닌 '존재'를 변함없이 사랑할 것이다. 아니, 사랑해야만 한다. 지금 내가 아이의 존재감 하나로 충분히 기뻐하듯이. 자녀가 어리다고 해서, 또 컸다고 해서 부모의 사랑이 조건적으로 변한다면 그것이 진정한 사랑인가. 내가 맞이하는 지금 이 시간은 한 번도 살아보지 않은 인생의 첫 순간이다. 그것을 잊지 않는다면 매 순간 자녀에게 사랑을 듬뿍 쏟아부을 수 있으리라. 늘 자녀와 첫사랑에 빠진 부모가 되기를 원한다.

7 아이가 서른이 됐을 때, 세상은 어떻게 변했을까?

우리 교회에는 아주 얌전한 초등학생이 한 명 있다. 인사를 건네면 수줍어서 시선을 피하거나 숨을 정도로 내향적인 아이다. 그런데 얼마 전 놀라운 사실을 알게 되었다. 아이가 유튜버였던 것이다. 초등학생들 사이에서 유행하는 슬라임 방송을 진행하고 있었다. 수줍음 많은 아이가 맞나 싶을 정도로 말도 잘하고 능숙하게 콘텐츠를 진행하는 모습에 감탄했다.

한 방송에서 유튜버 대도서관이 강연에 참석한 초등학생들에게 "왜 유튜버가 되고 싶어요?"라고 묻자 일제히 "돈이요"라고 답했다. 게임 방송으로 연 17억 원을 버는 대도서관, 뷰티 방송으로 연 12억 원을 버는 씬님 등 유명 유튜버 인기는 잘나가는 연예인 못지않다. '사'자로 끝나는 직업이 최고인 줄 알았던 세대와는 확연히 다르다.

1995년 이후 태어난 19세 미만의 청소년을 Z세대라고 부른다. 한경 경제용어사전에 따르면, Z세대는 2000년 초반 정보기술IT 붐과 함께 유년 시절부터 디지털 환경에 노출된 세대다. 신기술에 민감할 뿐만 아니라 온라인 쇼핑 등 신기술을 활용한 소비 활동에도 적극적이다. 그래서 이들을 '디지털 원주민'이라고 규정한다. 우리세대가 아날로그에서 디지털로 전환되는 시기에 성장기를 보냈다면 Z세대는 태어날 때부터 디지털에 익숙한 환경에서 자랐다.

30년 전만 해도 유튜버라는 직업은 상상조차 못 했다. 스마트폰 시대가 열린 지도 고작 10년밖에 되지 않았다. 4차 산업혁명 시대에 5G, 사물인터넷IoT, 자율주행, 인공지능, 블록체인 등 첨단기술이 하루가 다르게 세상을 변화시키고 있다. 세계적 베스트셀러 《사피엔스》의 저자이자 역사학자인 유발 하라리는 "2040년의 세상이나 구직 시장이 어떤 모습일지는 아무도 모른다. 지금 학교에서 배우는 것들은 마흔 살이 되면 대부분 쓸모가 없어질 것이다"라고 말했다. 또한 "과거에는 어른들을 믿는 것이 안전했다. 그들이 세상에 대해 잘 알았고 세상도 느리게 변했으니까. 하지만 21세기는 다를 것이다. 경제와 정치, 인간관계에 대한 어른들의 지식이 시대를 앞서가지 못할 것이다"라고 강조했다.

2017년 중국에서 열린 국제 빅데이터 엑스포에서 알리바바 회장 마윈은 충격적인 발언을 했다. "교육 방식을 바꾸지 않으면 아이들은 30년 후 아무도 직업을 찾지 못할 것이다"라고 했다. 30년 후에는 우리 아이가 30대가 된다. 내가 30대로 살아가는 세상과 아이가 30대로 만나는 세상은 얼마나 큰 차이가 있을까?

세계 최고의 기술 칼럼니스트 케빈 켈리는 저서 《인에비터블 미래의 정체》에서 앞으로 30년을 견인할 열두 가지 기술의 힘을 통찰했다. '되어가다', '인지화하다', '흐르다', '화면을 보다', '접근하다', '공유하다', '걸러내다', '뒤섞다', '상호작용하다', '추적하다', '질문하다', '시작하다'의 거대한 힘이 인류의 문화와 생활양식을 철저히 혁신한다는 것이다.

과연 30년 후에 세상은 유토피아에 가까울까, 디스토피아에 가까울까? 서로 연결된 지금이 '아주 거대한 하나가 된 최초의 시기'라고 예찬한 이 책과는 달리 인조인간을 주제로 다룬 영화 〈블레이드 러너 2049〉에서는 미래 2049년 모습을 암울하게 그린다. 숲과 초원이 사라져 황폐해진 땅과 이상기후로 구름 낀 하늘은 여름에도 눈을 뿌려댄다. 회색 하늘을 날아다니는 최첨단 자동차를 보면서 기술은 과연 인류를 윤택하게 하는 것인지 의구심이 든다. 미래 인류는 진짜 인간과 인조인간의 두 종족으로만 구분된다. 진짜 인간이 인조인간인 줄 알고 인조인간이 진짜 인간인 줄 아는 혼돈의 세상이다. 2049년이면 나는 66세, 아이는 32세가 된다.

우리는 미세먼지 공포에 떨고 2018년 최악의 폭염을 겪으며 불타는 지옥이 어떤 곳인지 맛보았다. 요즘 거리는 재난 영화의 한 장면 같다. 마스크 없이는 외출할 수 없다. 조만간 방독면을 쓰고 다녀야 할지도 모른다. 이런 추세라면 과연 30년 후에 지구에서 제대로 살 수 있을지 의문이다.

2017년에 스티븐 호킹은 소행성 충돌과 인구 증가, 기후변화 등으로 인간이 더 이상 지구에 살 수 없게 되므로 30년 안에 지구를 떠나야 한다고 주장했다. 또한 "지구가 사람이 살기 어려울 정도로 파괴되는 건 시간문제다. 화성과 달에 식민지를 세우고 그곳에 노아의 방주처럼 보관 시설을 세워 지구 동식물의 종을 보존해야 한다"라고 말해 충격을 안겼다.

최근 미국, 중국, 러시아가 우주군 창설에 속도를 내면서 본격적인 우주 시대가 도래할 전망이다. 우주 엘리베이터를 타고 우주 관광을 하고 달이나 화성에 거주할 집을 알아보러 다녀야 할 때가 곧 올지도 모르겠다. 인공지능 전문가 350명의 예측 자료에 따르면, 인간을 능가하는 인공지능이 등장해 2050년 이내에 언어 번역, 에세이 작성, 트럭 운전, 팝송 작곡, 소매점 업무, 베스트셀러 소설 집필 등을 해낼 것이라고 한다. 인간 고유의 능력인 창작의 영역까지 기술이 점령한다는 말이다.

가속되는 변화의 시대를 맞아 우리에게 가장 중요한 것은 인간 존엄성을 잊지 않는 것이다. 불가피한 기술은 우리가 맞서야 할 대상이 아니라 적극적으로 활용해야 하는 대상이다. 기술 발전이 인간 존엄성을 높이는 방향으로 연결된다면 유토피아에 한 걸음 다가설 수 있지 않을까?

유발 하라리는 미래 사회의 변화에 대비해 "자신에 대해 잘 알아야 하는 수밖에 없다. 자신이 누구이고 어떤 삶을 원하는지 알아야 한다"라고 했다. 또한, 21세기만큼 "너 자신을 알라"라는 이 말이 절박함을 가진 때도 없으며 기업과 정부가 우리보다 우리를 더 잘 알게 되면 우리도 모르는 사이에 통제당하고 조종당한다고 강조했다.

30년 전에는 2020년이 되면 사람도 차도 날아다닐 거라 상상한 적이 있다. 만화영화 〈2020 우주의 원더키디〉처럼 우주 전쟁이 벌어지지는 않을까 걱정하기도 했다. 30년이 흘러 2020년이 왔다. 상상하고 걱정하던 일은 일어나지 않았다. 하지만 새로운 상상과 걱정이 생겼다. 30년 후 우리 아이는 어떤 세상에 살게 될까?

톨스토이가 말한 것처럼 인간에게 허락되지 않았기에 우리는 미래의 일을 알 수 없다. 하지만 한 가지 확실한 건 아이가 자라 30대가 되었을 때, 지금과는 또 다른 세상이 펼쳐진다는 것이다. 30년 후 세상이 유토피아와 디스토피아 중 어느 쪽에 가까울지는 모르지만, 그 책임이 우리에게 있다는 것만은 확실하다.

8 엄마는
기다려주지 않는다

얼마 전 신혼여행을 막 다녀온 친구에게서 전화가 왔다.

나   신혼여행 어땠어? 좋았어?

친구   어…. 그런데 현중아…. 너는 어머니…, 어머니 돌아가셨을
        때 어땠어?

친구의 목소리는 가늘게 떨리고 있었다. 나는 정신이 번쩍 들
었다. 친구는 병원에서 어머니의 간이 딱딱해져서 이식할 수 없다
는 말을 듣고 놀라 전화한 것이었다. 나는 의사도 아닌 데다가 어
머니는 난소암으로 돌아가셨기에 간에 대한 지식이 전무했다. 이

런 나에게 친구는 이제 어머니가 어떻게 되는지 자신은 어떻게 처신해야 하는지 물었다.

당황스러웠지만, 매우 당혹스러울 친구에게 차근차근 기억을 되짚으며 어머니를 떠나보낸 과정을 설명해 주었다. 친구는 "나는 예전에 죽었어도 이상하지 않은데 지금까지 살아 있는 것도 기적이다. 이제 너도 결혼했고 엄마는 여한이 없다"라는 자신의 어머니 말 때문에 마음이 더욱 무너져 있었다.

> 나   반드시 좋아지실 거야. 함께 기도할게. 우리 엄마는 나 결혼하는 것도 못 보고 돌아가셔서 그게 마음이 아파. 그래도 엄마와 함께 여행했던 추억이 가장 많은 위로가 되더라. 너도 이참에 아예 휴직하거나 휴가를 써서 어머니와 많은 시간을 보내는 건 어때?
>
> 친구   어…. 그게 내가 이번에 신혼집 마련하느라 빚이 많아. 쉴 수가 없어….

이번에는 내 마음이 무너져 내렸다. 내 어머니는 항암 치료 6차까지 끝내고 잘 회복하던 중 갑자기 합병증으로 돌아가셨다. 지금도 나는 그때 휴직, 아니면 퇴사라도 해서 곁을 지켰어야 했다는 후회를 하기에 마음이 쓰렸다. 돈이라도 많으면 친구의 빚을 갚아주고 어머니 곁을 지키라고 하고 싶은데, 쓸쓸한 현실의 벽 앞에 다시 한번 기도하겠다는 말을 끝으로 통화를 마쳤다.

알콩달콩 깨가 쏟아지는 신혼을 보낸 우리 부부는 아이를 낳으며 부모가 되었다. 육아휴직을 하며 행복한 시간을 보내던 어느날, 친구 전화로 어머니를 다시 깊이 추억했다. 어머니가 살아 있었다면 행복하게 잘 사는 우리 가정을 보며 분명 흐뭇한 미소를 지었을 것이다. 하늘에서 지켜볼 거라 믿기에 큰 위로가 되지만, 어느 노래 가사처럼 '난 언제나 당신의 무릎이 필요한 작은 아이일 뿐'이다.

부모는 자식에게 잘못된 길을 가르치지 않는다. 좋은 약이 입에 쓰듯 좋은 말은 귀에 쓰다. '충고'를 부모는 '사랑'이라 부르지만, 자식은 '잔소리'라 부른다. 자식이 자라서 가정을 이루고 부모가 되면 깨닫는다. '아, 부모님 말씀이 틀린 게 하나도 없었구나!' 그리고 한탄한다. '그때 말씀 잘 들을걸…'

어머니는 평상시에도 유언 같은 말을 즐겨했다. "죽으면 육신은 아무것도 아니다. 죽은 사람에게 돈 들이는 건 다 산 사람의 자기 위안인 기라. 살아 있을 때나 잘해라." 어머니가 그립다. 살아 있을 때 잘해야 한다는 어머니의 말은 당신이 대접받기 위한 잔소리가 아니었다. 자식이 부모를 떠나보내고 후회하지 않도록 충고해 준 사랑이었다. 천국에서 다시 만날 어머니를 생각하면 기쁘지만, 이 땅에서 어머니와 함께했던 시간에 대한 미련과 후회가 남는 건 어쩔 수 없나 보다.

부모님과 함께할 시간이 한 달밖에 남지 않았다면 우리는 어떤 모습일까? 갑자기 세상에 둘도 없는 효자, 효녀가 될 것이다. 시간과 돈도 당연히 부모님을 위해 쓸 것이다. 그리고 가슴속에 묻어두었던 "미안해요", "고마워요", "사랑해요"라는 말을 그제야 용기 내어 꺼낼 것이다.

죽음이 우리 가족과는 먼 이야기라고 생각해서는 안 된다. 죽음은 언제 어디에서 누구에게 찾아올지 모른다. 나 역시 어머니의 임종을 곁에서 지키고 한 줌의 재가 되어가는 과정을 두 눈으로 보고도 죽음을 한동안 믿기 힘들었으니까.

어머니는 죽음 앞에서도 의연했다. 고통스러운 상황에서도 끝까지 담담한 모습을 잃지 않았다. 환자인 어머니가 병간호하는 아들을 더 걱정했다. "나는 괜찮으니 집에 가서 자거라. 간병인 침대에서 자고 출근하려면 피곤할 기다. 회사에서 티 내지 말고 일에 집중해라. 나는 개안타." 어머니는 입원해 있으면서도 아들의 밥을 제대로 챙겨주지 못해 늘 신경 썼다. 나는 급기야 화를 냈다. 환자가 자기 몸만 생각하면서 회복하는 데 집중해야지 왜 그렇게 쓸데없는 걱정이 많으냐면서. 아픈 어머니를 더 아프게 했던 참 못난 아들이었다.

어머니는 중환자실로 이동하기 전에 죽음을 직감한 듯 나에게 말했다. "현중아, 나는 이제 죽어도 여한이 없다. 물질적으로 물려

줄 유산은 없지만 나 없이도 잘 살아갈 수 있는 신앙을 물려줄 수 있어서 너무 기쁘다. 니 결혼하는 거 못 보고 가는 거 딱 하나 그게 걸린다. 믿음으로 가정과 가문을 잘 세우고 행복하게 살거라." 나는 그때까지도 어머니가 죽지 않을 거라 굳게 믿었다. 어머니는 언제나 강했으니까. 모든 걸 이겨내는 슈퍼우먼이었으니까.

어머니 장례식에는 수많은 사람이 다녀갔다. 하나같이 어머니의 죽음에 애통해했다. "엄마가 죽으면 천국 가는 거니까 슬퍼하지 마라. 장례식은 간소하게 하고 천국 잔치처럼 찬송가 틀어놓고 즐겁게 손님을 맞이해라"라는 유언에 따라 장례를 치렀다. 상주 중에 이렇게 밥 잘 먹는 경우는 처음 본다는 말을 들을 정도로 나는 밝고 씩씩하게 유언을 이행했다.

가장 소중한 어머니를 잃고 나서 가장 소중한 가치를 얻었다. 어머니 죽음을 통해 나는 타인을 위해 함께 아파하고 기도할 수 있게 되었다. 암이라는 말만 들어도 눈시울이 붉어질 정도로 마음을 다해 누군가를 위로하는 사람으로 변한 것이다. 나밖에 모르고 살았던 나는 어머니 죽음으로 굴레에서 벗어나 많은 생명을 생각하게 되었다. 세상에는 아픈 사람이 많은 만큼 건강함에 감사할 줄 모르는 사람이 많다. 세상에는 죽음을 슬퍼하는 사람이 많은 만큼 생명에 기뻐할 줄 모르는 사람이 많다.

또 하나 느낀 점은 내가 행실을 올바로 할 때 어머니에게 칭찬이 돌아간다는 사실이었다. 주변에서 "어머니가 아들을 참 잘 키우셨다. 어머니는 분명 훌륭한 분이셨을 거야"라고 하는 말을 들을 때가 있다. 특히 아내에게 그런 말을 들을 때 정말 고맙고 기쁘다. 어머니는 항상 입버릇처럼 "니 결혼하면 며느리한테 엄마 욕 먹이지 말거라"라고 강조했기 때문이다. 심지어 어머니를 원망하며 이혼했던 아버지조차도 내 앞에서 어머니가 정말 아들 하나 잘 키웠다고 칭찬한다. 어머니가 부어준 사랑을 기억하며 그 사랑을 나누고자 할 때, 어머니가 높임을 받는다는 것을 깨달았다.

'신은 모든 곳에 있을 수 없기에 어머니를 만들었다'는 말이 있다. 시인 반칠환은 이를 변형해 "신은 모든 때에 있을 수 없기에 어머니를 만들었다"라고 했다. 늘 곁에 있을 것 같은 어머니에게도 때가 있다. 어머니는 자식을 기다려주지 않는다. 지금이 가장 좋은 때다. 어머니에게 미안하다고, 감사하다고, 사랑한다고 말해보자. 그리고 어머니와 단둘이 여행을 떠나보면 어떨까? 처음이자 마지막이 될지도 모르는 여행을.

"미안해요. 고마워요. 엄마, 나 지금 잘 살고 있어요. 앞으로도 잘 살 테니 지켜봐 주세요. 많이 보고 싶어요. 사랑해요."

다섯 번째 기회

꿈

당신이 어디에서 왔든
당신의 꿈은 유효하다.

- 루피타 뇽오

1 짜장면이냐 짬뽕이냐, 그것이 문제다

"넌 뭐 먹을래?" 이 말을 듣는 순간 두뇌는 람보르기니 엔진처럼 급박하게 회전한다. "난 선택 장애가 있어서 마지막에 시킬게." 나의 답은 언제나 한결같다. 선택 장애란 선택의 갈림길에서 어느 한쪽을 고르지 못해 괴로워하는 심리를 뜻한다.

"죽느냐, 사느냐 그것이 문제"라고 했던 선택 장애의 원조 햄릿의 이름을 따 '햄릿 증후군'이라고도 부른다. 특히 인류 최대 난제인 '짜장면이냐, 짬뽕이냐'는 우리의 영원한 숙제다. 지상 최대 라이벌, 짜장면과 짬뽕은 '짬짜면'이라는 세기의 발명으로 화해의 대통합을 이루며 선택 장애가 있는 많은 현대인의 고민을 해결해 주었다. 그러나 개그우먼 이국주는 "세상에서 가장 필요 없는 발명이 짬짜면"이라 했고, 개그맨 김준현은 "둘 다 시키면 되지 않냐. 왜 고민하냐"라며 먹방 신의 위엄을 뽐내기도 했다.

인크루트의 설문 조사 결과, 성인 남녀 10명 중 8명이 선택 장애를 겪는 것으로 나타났다. 선택 장애를 가장 절감할 때는 '음식 메뉴 고를 때'가 1위를 차지했다. 이어서 쇼핑, 약속, 애인이나 배우자, 옷, 티브이 프로그램을 선택할 때 등이 순서대로 순위에 올랐다. 이처럼 우리가 선택의 어려움을 느끼는 이유는 무엇일까?

가장 많은 답변으로 10명 중 4명이 '잘못 선택할까 봐 불안해서' 선택 장애를 겪는다고 했다. 다음으로 '선택과 옵션이 너무 많아서', '혼자 튀기 싫어서', '내가 잘 선택했는지 남들에게 확인받고 싶어서' 등의 이유가 이어졌다. 우리는 타인의 시선을 지나치게 의식하며 자신이 선택한 결과에 두려움을 느낀다.

프랑스 철학자 장 폴 사르트르는 "인생은 B와 D 사이의 C다"라고 했다. '인생은 Birth와 Death 사이의 Choice'라는 뜻이다. 인생은 선택의 연속이다. 실제로 사람은 하루에 1만 번이 넘는 선택을 한다는 연구 결과가 있다. 정보의 홍수 속에서 만인의 공통 질환인 선택 장애, 선택 폭이 넓을수록 마음은 괴로워진다. 과연 선택의 고통에서 벗어날 방법은 없을까?

사회심리학자 배리 슈워츠는 저서 《점심메뉴 고르기도 어려운 사람들》에서 최고보다 충분히 좋은 것을 선택하라고 강조하며 선택의 고통을 줄이는 열한 가지 방법을 제시했다. 이는 다른 저서 《선택의 심리학》에 나오는 후회 없는 선택을 위한 열한 가지 법칙과 흡사하다. 두 내용을 상호 보완하여 정리하면 다음과 같다.

1. 선택에 따르는 비용을 계산하고 원칙을 세워서 선택한다. 예를 들어 '대안은 둘로 족하다' 등 자신에게 효율적인 규칙을 세우는 것이다.

2. 자신이 정말로 중요하게 여기는 것과 그렇지 않은 것을 구분하여 선택한다. 중요하지 않은 선택은 습관, 관습, 상식, 규칙 등에 의존하여 자동화하고 중요한 선택이 필요할 때만 시간과 관심을 기울이는 것이다.

3. 적당히 좋은 것을 수용하는 법을 터득하여 적당히 만족한다. 최고만 추구하면 진이 빠져버리기 쉽다. 목표와 희망을 세심하게 생각하고 무엇이 '충분히 좋은 것'인지 적절한 기준을 갖는다.

4. 기회비용의 기회비용을 생각한다. 가렵지 않으면 긁지 않는다. 새롭게 개선된 것이 나를 찾기 전까지 먼저 내가 찾아 나서지 않는다. 기다리면 선택에 들어가는 시간과 실망감을 대폭 줄일 수 있다.

5. 다른 생각을 할 수 없도록 돌이킬 수 없는 결정을 내린다. 돌이킬 수 없다고 생각하면 현재 상황에서 기존 것을 개선하는 데 집중한다.

6. 좋은 것들이 훨씬 좋게 느껴지도록 감사하는 자세를 기른다.

7. 부질없는 생각을 버리고 행복을 얻기 위해 덜 후회한다.

8. 시간이 갈수록 거기서 느끼는 즐거움이 줄어들 수밖에 없다는 '적응'을 예상한다. 예를 들면 '이 컴퓨터 처음 살 때는 너무 좋았는데, 쓰다 보니 좀 느린 것 같네. 별로다'라고 느끼듯 익숙해져서 무심해지고 실망으로 이어지는 '적응'을 예측하는 것이다.

9. 과도한 기대는 만족감을 떨어뜨리니 기대를 다스린다. 선택 안이 많아질수록 기대감과 그에 따른 실망감이 동시에 높아진다.

10. 만족감을 줄어들게 하는 사회적 비교를 삼간다. 나를 행복하게 하고 나에게 삶의 의미를 주는 것에 집중한다.

11. 선택의 자유가 선택의 횡포로 탈바꿈해 버리지 않도록 제약을 사랑하는 법을 터득한다. 제약이 있는 선택과 제한이 있는 자유는 삶에서 놀라운 가능성을 상상하게 한다.

그렇다면 인생에서 좋은 선택을 하려면 어떻게 해야 할까? 옥스퍼드대학교 루스 창 교수는 '어려운 선택을 현명하게 하는 법'을 알려준다. 그는 어려운 선택이 발생하는 이유가 무지 때문이 아니라 최고의 선택이 없기 때문이라고 강조한다. 일은 만족스럽지만 보수가 적은 직장과 일은 불만족스러워도 보수가 많은 직장을 놓고 선택해야 할 때 모든 정보를 안다고 해도 여전히 선택은 어렵다. 각자의 장단점 때문에 어느 한쪽이 월등히 낫다고 말할 수 없기 때문이다.

또한, 어려운 선택에는 가치 비교가 수반된다. 정의, 행복, 열정 등의 가치는 길이, 부피, 무게 등의 과학적인 양처럼 비교할 수 없다. 그런데 우리가 비교할 수 없는 것을 비교하려고 하므로 어려운 선택을 더 어렵게 만드는 것이다. "두 가방 중에 어느 것이 더 무거울까?"라는 질문에 답하기는 쉽다. 한쪽이 더 무겁거나 더 가볍거나 같을 것이라는 세 가지 선택만 있을 뿐이다. 그러나 가치는 한 선택이 다른 것보다 더 좋거나, 더 나쁘거나, 같다고 할 수 없다. 바로 동등함 때문이다.

선택이 동등하다는 것은 가치의 종류가 각기 다른 선택끼리 비교할 수 없다는 의미다. 그래서 동등한 가치들 사이에서 선택하는 것이 어렵다. 선택의 이유를 스스로 만들어야 하기 때문이다. 그렇기에 루스 창 교수는 우리가 어려운 선택을 놓고 내면의 깊은 고뇌를 통해서만 스스로 현명한 선택을 할 수 있고 인생의 주인공이 된다고 역설한다.

나는 어려운 선택이 주는 고통과 불안, 두려움을 부정적으로 느꼈었다. 그런데 어려운 선택은 나를 나답게, 유일한 존재로 만들어주는 소중한 기회라는 것을 알게 되었다.

영화 〈신과함께〉 2편에서 성주신이 던진 "나쁜 사람은 없어, 나쁜 상황이 있는 거지"라는 대사가 사람들 사이에 회자되었다.

하지만 나쁜 상황 속에서도 자신의 선택으로 좋은 사람이 될 수 있다고 말한 사람이 있다.

유대인 학살 현장에서 살아남은 한 유대인은 수용소에서 남을 위해 희생한 사람들을 보며 최악의 상황에서도 사람은 자기 행동의 선택권을 가진다는 것을 깨달았다고 증언했다. 그는 인간에게 모든 것을 빼앗아갈 수 있어도 주어진 환경에서 자신의 태도를 결정하고 선택하는 자유만은 뺏을 수 없다고 했다.

결국, 나쁜 상황 때문이 아니라 나쁜 선택 때문에 나쁜 사람이 된다는 것이다. 혹시 지금 상황이나 환경, 주변 사람 등 외부 요인 때문에 선택을 망설이는가? 선택은 나의 몫이다. 지금이 가장 좋은 선택을 할 때다.

2 시련 속에서
어떤 삶을 선택할 것인가?

     나는 '미알못'이다. 내 눈에는 그저 아이 낙서 같은 그림이 천문학적인 액수에 거래된다. 심오한 미술 세계가 더욱 난해하게만 느껴진다. 얼마 전 미술을 전공한 처제의 졸업 작품 전시회에 갔을 때도 나는 미간을 찌푸리고 한 손으로 턱을 만지며 작품을 감상하는 척하느라 애먹었다.

     그런데 처제가 작품의 주제와 배경, 아이디어를 표현한 방식을 세밀하게 설명해 주니 새로운 세계가 펼쳐졌다. 설명을 듣기 전에는 평면적이었던 그림이 입체적으로 다가왔고, 정적이었던 작품에서 생동감을 느꼈다. 아는 만큼 보이는 법인데 미술 세계가 딱 그렇지 않을까?

처제 덕분에 나는 미술에 흥미가 생겨 조원재 작가의 《방구석 미술관》을 읽었다. 전문가가 아닌 미술 덕후가 쓴 책이라 더 쉽고 흥미롭게 다가왔다. 특히 미술계 여성 혁명가 프리다 칼로의 이야기는 한 편의 드라마였다.

프리다 칼로는 시련의 아이콘이다. 그는 여섯 살에 소아마비로 오른쪽 다리에 장애가 생겼다. 열여덟 살에는 교통사고로 철근이 척추를 관통하면서 골반이 부서져 아이를 가지기 어려운 몸이 된다. 극심한 고통 속에서 내면세계를 작품화하기 시작한다. 하지만 불행은 여기서 그치지 않는다. 그는 스물한 살의 나이 차이를 극복하고 흠모했던 멕시코 민중 벽화의 거장 디에고 리베라와 결혼한다. 아이를 갖기를 간절히 원했지만, 세 번이나 유산하고 실의에 빠진다. 게다가 호색가 리베라는 프리다 칼로의 여동생과 바람을 피운다. 말로 다 할 수 없는 시련 속에서 그는 직설적으로 내면세계를 캔버스에 표출한다.

이후 그의 작품은 피카소, 칸딘스키, 뒤샹 등 세계적 거장들에게 인정받으며 단숨에 스타덤에 오른다. 프리다 칼로는 발가락 절단, 골수이식, 척추 수술 등 끊임없는 고통 속에서도 "나는 아픈 것이 아니라 부서진 것이다. 하지만 내가 그림을 그리는 한 살아 있음이 행복하다"라며 수많은 걸작을 남긴다. 그가 폐렴으로 세상을 떠난 30년 후 멕시코 정부는 작품을 국보로 지정한다.

어떻게 이렇게 완벽한(?) 시련이 있을까? 프리다 칼로는 가히 시련의 왕이라고 할 만하다. 나로서는 감히 상상도 못 할 고통을 예술 작품으로 승화한 프리다 칼로. 그 삶의 무게에 나는 압도되었다. '프리다'는 독일어로 '평화'를 의미한다. 평화의 사전적 정의는 '전쟁, 분쟁 또는 일체의 갈등이 없이 평온한 상태'라지만, 그를 통해 진정한 평화란 '온갖 갈등을 극복한 영광의 면류관'이라는 사실을 목도한다. 그는 마지막 일기에 "이 외출이 행복하기를 그리고 다시 돌아오지 않기를"이라는 말을 남기고 세상을 떠난다.

교보생명빌딩 외벽에는 가로 20미터, 세로 8미터의 대형 글판이 설치되어 있다. 교보생명 창립자의 제안으로 시작된 '광화문글판'은 지난 1991년부터 사랑과 희망의 메시지를 전해오고 있다. 계절마다 글판에는 새로운 글귀를 선보이며 시민의 감성을 자극한다. 이 글판에 오른 글귀 중 가장 많이 사랑을 받은 것이 바로 시인 정현종의 〈방문객〉이다.

시인의 말처럼 '사람이 온다는 건 실은 어마어마한 일'이다. 저마다 과거에 부서졌던 마음을 딛고 일어나 현재에 생존하는 동시에, 여전히 부서지기 쉬운 마음으로 현재를 견디며 미래의 끈을 붙잡은 채 살아간다. 아직 알려지지 않은 수많은 시련의 주인공이 하늘의 별처럼 반짝인다. 우주에서 유일한 자신만의 이야기를 마음에 간직한 채.

빅터 프랭클은 삶의 시련 속에서 부서진 마음을 이렇게 예찬했다. "만약 어떤 사람이 시련을 겪는 것이 자기 운명이라는 것을 알았다면, 그는 그 시련을 자신의 과제, 다른 것과 구별되는 자신만의 유일한 과제로 받아들여야 한다. 시련을 당하는 중에도 자신이 이 세상에서 유일한 단 한 사람이라는 사실에 감사해야 한다. 어느 누구도 그를 시련으로부터 구해낼 수 없고, 대신 고통을 짊어질 수도 없다. 그가 자신의 짐을 짊어지는 방식을 결정하는 것은 그에게만 주어진 독자적인 기회이다."

나의 시련까지도, 그 속에서 부서진 내 마음까지도 이토록 아름다울 수 있다니. 나는 우주에서 유일한 이야기를 간직한 사람이다. 어떤 이야기든 존귀하다. 과거에서 열심히 달려와 현재를 비추는, 별빛 같은 지금의 나를 사랑한다면. 인생 속에 부서지고 또 부서졌을 마음의 조각은 누구와도 비교할 수 없는 나만의 고귀한 이야기가 될 테니까.

혼란스러운 30대를 보내며 우리는 지금 별같이 빛나는 인생이 아니라고 낙심하지는 않는가? 현재의 별빛은 과거에서 온 것임을 잊지 말자. 단 하나뿐인 나의 이야기는 지금도 별빛처럼 어디론가 열심히 달려간다. 그 이야기는 언젠가 누군가에게 도달해 반짝반짝 빛나는 별이 될 것이다.

생텍쥐페리는 저서 《인간의 대지》에서 자신의 비행 체험기를 들려준다. 야간 비행을 하던 중 생텍쥐페리와 동료 프레보는 예기

치 못한 사고로 리비아 사막에 불시착한다. 그들은 목이 타들어가는 갈증의 고통 속에서 연일 불타는 낮과 얼음 같은 밤을 보낸다. 지쳐 쓰러진 두 사람에게는 권총 한 자루가 있었다. 광활한 사막에서 언제 구조될지도 모르는 절망감과 극심한 고통 속에서 그들은 어쩌면 쉬운 길을 택할 수도 있었다.

그러나 애타게 자신들을 찾을 가족과 동료를 생각하며 이렇게 외친다. "참아, 우리가 간다! 우리는 구조대원이다!" 그들은 스스로 구조대원이 되어 사랑하는 사람들의 타들어가는 마음을 구하러 사막을 걷기 시작한다. 정신을 뒤흔드는 신기루 앞에서 절망의 절망을 거듭한 끝에 결국 지나가던 낙타 무리를 발견한다. 사막을 지나가는 대상인이었다. 그렇게 그들은 스스로 자신을 구한 구조대원이 되었다.

생텍쥐페리는 사랑이 절망에 대한 유일한 희망이자 생명에 대한 무거운 책임이라는 것을 보여주었다. 만일 그가 타인을 향한 사랑이 아닌 자신에 대한 고통만 생각했다면 자신의 머리에 방아쇠를 당겼을 것이다. 그는 사랑으로 자신의 구조대원이 되었고 믿음으로 자신을 구조했다. 그를 통해 고난과 역경은 사랑과 믿음이 자라도록 하는 촉매제가 아닐까 생각해 본다.

지금 우리는 사막 같은 현실에 놓여 있는지 모른다. 열심히 걸어가지만, 오아시스는 보이지 않는다. 구조해 달라고 외쳐보지만,

공허한 메아리일 뿐이다. 나를 구조하는 사람은 오직 나 자신뿐이다. 나의 삶은 나 자신의 것만이 아니다. 사랑하는 사람들에게 받은 사랑에 대한 책임을 지며 살아가야 한다.

　잡초는 환경에 연연하지 않고 뿌리를 내린다. 돌 틈에서도 살아난다. 반면에 온실 속 화초는 거친 환경에서 금세 시들어버린다. 우리는 자신의 의지와 상관없이 세상에 태어나 인생이라는 황무지에 던져졌다. 잡초가 꽃보다 아름다운 이유는 끝까지 살아남는 강인한 생명력에 있다. 지금 나는 시련 속에서 어떤 삶을 선택할 것인가? 세상에서 단 하나뿐인 나만의 위대한 이야기를 만들었으면 한다. 시련은 반드시 인생을 더욱 빛나게 해줄 것이다.

3   성공해야 행복할까, 행복해야 성공할까?

    사람들은 '왜 사는가'라는 질문에 뭐라고 답할까? 실제 주변에 물어봤을 때 "그냥 태어났으니까", "생각해 본 적 없다"라는 답변이 많았다. 그 외에 "먹고 살려고", "죽지 못해 산다" 등 가벼운 답변이 즐비한 가운데 "행복하기 위해"라는 답변이 인상적이었다. 그런데 행복을 위해 산다는 그에게 '지금 행복한가'라고 묻자 갑자기 안색이 어두워졌다.

    과연 '행복'은 무엇일까? '욕구가 충족되어 충분한 만족과 기쁨을 느끼는 상태'라는 사전적 의미로는 잘 설명이 되지 않는다. 행복은 주관적이고 상대적이다. 인류의 영원한 과제, 행복을 어떻게 규정할 수 있을까?

'행복'을 다룬 내용으로 2013년 한 해 동안 가장 많이 팔린 책이 있다. 소설 《꾸뻬 씨의 행복 여행》은 영화화될 정도로 많은 현대인에게 반향을 일으켰다. 특히 우리나라에서도 열기가 대단했다. 주인공은 파리의 정신과 의사 꾸뻬다. 그의 진료실은 언제나 자신이 불행하다고 생각하는 사람으로 넘쳐난다. 그는 상담을 진행할수록 의문을 떨치지 못한다. '왜 모든 것을 갖고 있고 많은 행운을 누리는 사람들이 불행하다고 느낄까?' 마침내 진정한 행복이 무엇인지 찾으려고 여행을 떠난다. 그리고 행복에 대한 스물세 가지 배움을 얻는다. 특히 노승이 꾸뻬에게 알려준 여섯 번째 배움 '행복을 목표로 여기는 것은 잘못된 생각이다'는 충격적이었다. 많은 사람이 행복을 목표로 살아간다. 그런데 그것이 잘못되었다니 도대체 무슨 말인가?

  궁극의 고수들은 서로 통한다. 무림의 고수는 칼끝에 인생을 담아내듯 삶의 고수는 펜 끝에 영혼을 담는다. 극한의 고통을 겪은 빅터 프랭클이 들려주는 이야기는 노승의 가르침과 상통한다. "성공을 목표로 삼지 말라. 성공에 초점을 맞추면 맞출수록 그것에서 더욱더 멀어질 뿐이다. 성공은 행복과 마찬가지로 찾을 수 있는 것이 아니라 찾아오는 것이다." 이 가르침은 이 시대의 현자들이 가장 많이 인용하는 말이기도 하다. 성공과 행복은 좇아야 할 목표가 아니라는 것이 그만큼 큰 충격이라는 뜻이 아닐까?

  《꾸뻬 씨의 행복 여행》을 쓴 작가 프랑수아 를로르가 몇 년 전에 방한한 적이 있었다. '직장인의 행복'을 주제로 한 그의 강연이 일간지에 소개되었다. 그는 지속적인 행복을 위해 필요한 네 가지를 꼽았다. 가까운 사람들과 누리는 좋은 관계, 스스로 통제할 수 있다는 자유로움, 사물에 대한 긍정적 마인드, 신체적으로 건강한 상태를 유지하는 것이다.

그는 이러한 행복의 요건들은 자연히 찾아오는 것이 아니므로 직장인 역시 회사와 일을 통해 행복을 찾는 노력이 중요하다고 전했다. 또한 "행복을 놓치기 쉬운 방법이 바로 비교하는 것이다. 돈은 여전히 작은 행복을 주는 조건이지만 소득과 행복지수가 비례하는 것은 아니다"라고 말했다.

자본주의 사회에서는 많은 자본이 성공을 의미한다. 사회 구성원은 돈을 벌면 성공하고, 성공하면 행복해진다는 패러다임을 숭배한다. 그러나 많은 사람이 행복하려고 돈을 버는데, 돈을 벌며 불행하다고 느낀다. 그래서 직장인은 딜레마에 빠져 있다. 다들 부러워하는 대기업, 신의 직장에 다니는 직장인도 예외는 아니다. 유명인도 마찬가지다. 우리는 뉴스를 통해 사회적으로 성공한 사람들이 행복하지 못해 자살하는 경우를 자주 접한다. 사회가 기준을 정해 놓고 구성원이 그것을 맹목적으로 좇는 성공과 행복은 허상이라는 증거다.

친구 중에 지리산 자락에 사는 네 식구의 가장이 있다. 얼마 전

그와 통화하다 나도 꾸뻬처럼 행복에 대한 배움을 얻었다. 그는 내가 SNS에 올린 육아휴직 소식을 보고 전화했다고 말했다. 내가 "육아휴직 수당으로 월 100만 원 정도가 나오는데 마음이 편치가 않다"라고 하자 그는 "4인 가족이 전도사 월급 135만 원으로 산다. 이제 나보다 월급이 적네? 배고프면 말해라. 밥 사주꾸마. 나는 가진 건 없지만 그래도 다 살기 마련이더라"라며 껄껄 웃었다.

월급 135만 원으로 네 식구가 산다는 것도 놀라운데 밥 사주겠다는 친구의 여유는 도대체 어디에서 나오는 것일까. 나는 대기업에 다니면서도 그와 같은 여유를 가져본 적이 없었다는 사실에 부끄러워졌다. 친구와의 대화 내용이 마음에 남았다. 그러다 문득 그날 밤에 그에게 메시지를 보냈다. "아까 너가 '나는 가진 건 없지만'이라고 했었는데 너는 이미 지리산의 숲과 계곡, 신선한 공기, 밤하늘에 쏟아지는 별까지 가장 많은 걸 가진 것 같아. 오히려 그 많은 걸 누리고 사는 너가 진짜 부자가 아닌가 싶다. 부럽다!"

최인철 교수는 "'성공을 포기해야만 오는 게 행복이다'라는 생각은 잘못됐다. 자기가 의미 있게 생각하는 일을 마쳤을 때 오는 자부심과 뿌듯함이 있는데 그것도 굉장히 중요한 행복의 요소다"라고 했다. 이어 사람들이 행복은 뭔가 좀 즐겁고 신나는 것이고 목표나 성공, 성취는 가급적 피해야 한다고 생각하는데 그건 아니라고 했다.

또한 '행복에 대한 오해와 진실'에 대해서도 말했다. "보통 사람들이 행복을 좁게 생각하는데 시간상에서도 그렇다. 예를 들면 행복은 지금 이 순간의 기분이기도 한데, 지난 1년과 청소년기 그리고 삶 전체에 걸쳐 넓게 행복을 보면 우리는 자유로워진다. 그래서 행복에 이르는 길이 다양하다는 걸 알아야 마음 편할 수 있다. 행복에서 단 하나만 정답이라고 하면 그건 이미 행복이 아니다."

우리는 행복을 너무 인색하게 생각한다. 그나마 남에게 적용할 때는 관대하다. 불행하다고 느끼는 사람에게 우리는 온갖 긍정적인 이유를 대며 당신은 행복하다고 설득한다. 그러면서 우월감을 통해 상대적 행복을 맛보도록 훨씬 더 불행한 사례를 끄집어낸다. 그러나 남들에게 '이 정도면 행복하지 않냐'고 했던 위로가 나에게는 '이 정도로는 행복하지 않다'고 다가오는 이유가 무엇일까?

《꾸뻬 씨의 행복 여행》의 결말에는 행복의 실체를 깨달은 꾸뻬가 여행에서 돌아온다. 그리고 그는 일을 더욱 좋아하게 된다. 자신이 배운 행복을 사람들에게 나눠주는 것이 삶이 되었기 때문이다.

세계에서 가장 활발히 성공과 행복을 연구하는 하버드대학교 연구진은 성공과 행복을 얻으려면 자신에게 고무적인, 의미 있는 목표를 찾아야 한다고 밝혔다. 꾸뻬 씨는 성공과 행복을 목표로 하지 않을 때 성공과 행복은 따라오는 것이라는 교훈을 들려준다. 결국, 가슴 뛰는 일을 목표로 삼는 것에 비밀이 있었다.

4 서른과 마흔 사이, 마흔이 다가온다

세계 3대 구경거리가 있다. 싸움 구경, 불구경, 사람 구경이다. 그중에서 나는 싸움 구경이 가장 흥미롭다. 특히 코미디보다 더 웃긴 정치 싸움은 언제나 다양한 웃음거리를 제공한다. 그런데 한국에서만 볼 수 있는 재미난 싸움 구경이 있다. 바로 "너 몇 살이야?"로 시작하는 나이 싸움이다. 몇 년 전 지하철에서 50대로 보이는 아저씨와 10대로 보이는 학생의 싸움을 목격한 적이 있다.

아저씨 너 몇 살이야? 나한테 너만 한 딸이 있어!

학생 아저씨는 몇 살이에요? 저도 아저씨만 한 아빠가 있어요!

싸울 때 이렇게 나이를 궁금해하는 민족이 세상에 또 어디 있을까? 참으로 '웃픈' 광경이다. 학창 시절에 띠동갑인 동생과 싸울 때면 어머니는 "아이고, 니는 언제 나잇값 할래?"라고 말했다. 대한민국에만 존재하는 '나잇값'은 도대체 뭘까? 스무 살에는 이렇게 행동하고, 서른 살에는 저렇게 행동하라는 지침서가 있는 것도 아닌데. 대한민국의 지독한 '나이' 사랑의 끝은 어디일까?

공자는 "30세는 이립, 40세는 불혹"이라고 했다. 서른 살은 자신의 확고한 뜻을 세우는 나이, 마흔 살은 유혹에도 흔들림 없는 나이라는 뜻이다. 나의 서른은 좌절과 불안의 연속이었다. 아무것도 이룬 것이 없었고, 잘 사는 건지 불안했다. 공자의 잔인한 가르침은 초라한 나에게 상실감으로 다가왔다. '공자가 죽어야 나라가 산다'가 아니라 공자가 죽어야 '나'라도 살 것 같았다.

아내에게 상상 속 마흔은 어떤 모습인지 물어보았다. 아내는 이렇게 답했다. "글쎄, 크게 달라질 건 없을 거 같은데…. 우리 아이도 많이 크고 우리도 좀 더 성숙해지지 않을까?" 내심 불안했던 나는 의외의 답변에 숙연해졌다. '혹시 지금 시골 농가에 사는 게 불편해서 마흔 살에는 40평대 아파트로 이사 가자고 하면 어떻게 하지?'라고 생각했기 때문이다.

아내의 일침에 정신을 차린 나도 상상 속 마흔에 관해 이야기했다. "서른이 될 때는 남들에게 보이는 외면에 대한 상실감이 컸던 것 같아. 그런데 마흔이 될 때는 나 자신의 내면에 대한 책임감이 크지 않을까. 마흔은 '진짜 어른의 나이'라고 느껴지잖아." 이에 아내는 또 일침을 가했다. "너무 걱정하지 마. 서른이 되는 게 그렇게 무서웠는데 어느새 훅 지나갔잖아. 지금 우리는 아이도 낳아 키우면서 열심히 살고 있으니까. 잘 해낼 거야."

어머니 말이 떠올랐다. "남자는 나이가 많으나 적으나 다 어린 애다. 차라리 나이가 어려서 귀엽기라도 한 연하남이 여자한테 더 나을 수도 있다." 어머니보다 다섯 살 많은 아버지는 의문의 1패를 당했다. 나 또한 아내보다 세 살 많지만, 아내의 성숙함 앞에 내가 어린애처럼 느껴질 때가 있다.

'서른'이라고 하면 떠오르는 노래가 있다. 가수 김광석의 〈서른 즈음에〉는 전 국민의 사랑을 받은 명곡이다. 한 편의 시와 같은 가사로 음악 평론가들 사이에 최고의 노랫말로 선정되기도 했다. 지금도 대한민국 30대의 마음을 잔잔히 위로해 주고 있다. 특히 "매일 이별하며 살고 있구나"라는 가사가 압권이다. 서른의 상실감을 이렇게 잘 표현한 가사가 또 있을까?

이 노래가 나온 지 1년 후, 가수 양희은이 〈내 나이 마흔살에는〉을 발표했다. 40대에게 여운을 주며 마흔의 대표곡이 되었다. 〈서른 즈음에〉가 한 편의 시와 같다면 〈내 나이 마흔살에는〉은 한 편의 수필 같다고 해야 할까. 나는 아직 마흔의 절절함을 온전히 느끼는 나이는 아니다. 하지만 다가올 마흔의 심정을 미리 헤아려보고, 남은 30대를 후회 없이 보내고자 한다.

나는 지금 서른과 마흔 사이에 서 있다. 이립이 지났지만 아직 확고한 뜻을 세우지 못했고, 불혹을 앞두었지만 여전히 흔들린다. 하지만 괜찮다. 나는 지금 '30대의 하프타임'을 보내고 있다. 서른을 지나온 전반전과 마흔을 향하는 후반전 사이에서 잠시 쉬어가도 괜찮다. 전반전을 돌아보며 어떻게 후반전을 준비할지 생각하고, 지친 영혼을 회복할 시간이 필요하니까.

미국 경제 웹진 비즈니스 인사이더에서 '30대를 돌아보며 후회하는 열한 가지'를 다룬 기사를 보았다. 열한 가지 중에 나는 과연 몇 개나 해당할까? 체크해 보니 해당하지 않는 항목을 세는 게 더 빨랐다. 남은 30대의 시간도 지금처럼 보낸다면 '후회각'이다.

1. '해야 한다'는 의무감에 사로잡힌 것.
2. 부모와 함께 시간을 보내지 않은 것.
3. 일이 삶의 1순위가 된 것.
4. 부정적인 생각으로 시간을 허비한 것.
5. 30대가 늙었다고 생각한 것.
6. 자신을 먼저 챙기지 않은 것.
7. 몸을 잘 돌보지 않은 것.

8. 기회를 잡지 못한 것.

9. 충분히 저축하고 투자하지 못한 것.

10. 여행을 많이 하지 못한 것.

11. 다른 사람의 생각에 너무 많이 신경 쓴 것.

나는 특히 2번과 3번 항목에서 많은 생각을 했다. 일이 삶의 1순위가 되었을 때 어머니와 마주 앉아 식사 한 끼조차 함께 못 하는 날이 많았다. 바쁘다는 핑계로 점점 야위어갔던 어머니를 챙기지 못한 죄책감에 명치끝이 저린다. 그래서 '매일 사랑하는 가족과 마주 앉아 적어도 식사 한 끼는 하는 삶'을 추구한다. 잃으므로 오히려 얻는다는 의미를 조금씩 깨달으며 '행복한 삶'에 대한 나만의 정의를 내렸다.

30대를 어떻게 후회 없이 보낼 수 있을까? 나는 사랑하는 사람과 함께 보내는 시간을 더 많이 가지려고 치열하게 살아갈 것이다. 소중한 가치를 잊게 만드는 세상의 속삭임에 유혹되지 않도록 욕망에 맞서 거세게 저항할 것이다.

5 일만 하는 나 외에 또 어떤 내가 될 수 있을까?

직장인은 늘 마음에 사표를 품고 다닌다. 나도 마음속 사표를 꺼내고 싶었던 순간이 한두 번이 아니었다. 그때마다 스스로 부끄럽지 않을 정도로 최선을 다해 직장 생활을 해왔는지 질문했고 떳떳하게 떠날 수 있을 때 사표를 내기로 마음먹었다.

사실 육아휴직을 쓰기 전에 사표를 쓸까 생각했다. 지난 직장 생활을 돌아보면 나는 스스로 부끄럽지 않았다. 진심으로 회사를 사랑했고 열정적으로 헌신했다. 10년에 가까운 세월을 보낸 직장을 선뜻 떠난다고 생각하니 나에게 그동안 정말 수고 많았다고 격려하고 싶었다. 그래서 사표를 쓰기 전에 먼저 책을 쓰기로 했다.

나에게 주는 표창이라고나 할까? 그동안 직장에서 경험하고 배우며 느꼈던 것을 정리하고 꿈을 써나갔다. 나도 누군가를 위로하며 작은 희망을 주고 싶었다. 특히, 책 쓰기를 망설이는 평범한 사람에게 '나도 했으니까'라고 보여주며 작은 용기를 주고 싶었다.

2018년 7월부터 주 52시간 근무제가 시행되면서, 퇴근 이후 자기 개발에 투자하는 직장인이 늘었다. 신기한 것은 책을 읽는 사람은 줄어드는데 쓰고 싶은 사람은 늘어나며 책 쓰기 열풍이 분다는 점이다. 그동안 책 쓰기는 유명인이나 전문가만 할 수 있는 '일반인의 신성불가침 영역'으로 인지되었는데, 왜 사람들은 책 쓰기에 열광할까?

책 쓰기 강의 브랜드 '책쓰기브랜딩스쿨'은 책 쓰기를 해야 하는 이유 세 가지를 공개했다. 첫 번째는 지금까지 살아온 이야기를 '콘텐츠'로 만들 수 있다는 것이다. 누구나 자신의 이야기를 가지고 있지만, 정리하고 기록하지 않으면 단순히 '기억'에만 그친다. 책을 통해 콘텐츠가 된 이야기는 타인과 나눌 수 있다.

두 번째는 개인을 브랜드화하는 '퍼스널 브랜딩'의 시대를 맞아 콘텐츠가 무기가 된다는 것이다. 이제는 상품을 판매할 때도 스토리텔링이 필요한 시대다. 자신의 콘텐츠를 표현하는 책 쓰기는 '나'라는 브랜드를 매력적으로 만들어준다.

세 번째는 책이 나의 또 다른 명함이 된다는 것이다. 전문가들은 4차 산업혁명 이후에는 많은 일자리가 없어진다고 말한다. 직장 개념이 없어지고 프리랜서의 시대가 열린다고 예측한다. 그때 책은 자신을 특색 있게 보여주는 명함이 된다.

책을 한 권 출간했다고 인생이 역전되는 것은 아니다. 하지만 앞으로 나를 잘 알고, 매력적으로 잘 표현해야 살아남는 시대에서 책 쓰기는 많은 이점을 준다. 30대 청년 작가 이상민은 "책 쓰기는 개인 삶의 변화, 자존감의 변화를 가져온다. 책을 쓸 정도의 지적 능력, 독서력, 자료 해석력, 집필력 등을 갖추게 되어 무엇보다도 지식인, 지성인으로 거듭나게 된다"라고 했다.

실제 책 쓰기를 통해 삶과 비즈니스를 스스로 개척한 사람도 있다.《나는 스타벅스보다 작은 카페가 좋다》와《작은 가게 성공 매뉴얼》의 저자 조성민은 레드오션인 카페 시장에서 꾸준히 비즈니스 성장을 이루는 창업자다. 그는 책에 '작은 카페'라는 키워드로 차별화한 경영 노하우를 소개했다. 베스트셀러에 오르자 창업 컨설턴트로 퍼스널 브랜딩되어 여러 대학과 방송에서 강의한다. 그는 책을 쓰고 가장 많이 변한 점은 만나는 사람이 달라진 것이라며 "사업적인 측면에서도 책을 보고 전국에서 찾아오는 고객이 늘었다"라고 말했다. 책 쓰기로 인생 전환점을 맞이한 것이다.

이처럼 1인 기업이나 스타트업을 운영하는 사람은 책 출간으로 비즈니스에 탄력을 받고, 현업에 있는 직장인은 은퇴 이후의 삶을 고민하며 자신의 이야기를 책으로 정리해 경쟁력을 키워가는 시대가 열렸다. 대한민국 직장인의 꿈은 퇴사라는 웃픈 현실 속에서 사표를 내기 전에 책을 써보는 건 어떨까.

책 쓰기가 나에게 너무 먼 이야기로 들린다면? 간단한 글쓰기부터 시작한다. 하루를 돌아보며 매일 감사 일기를 쓰는 것이다. 누군가에게 보여주지 않아도 되기에 부담 없이 쓸 수 있고 또 하루를 돌아보며 감사한 시간을 가질 수 있다.

글쓰기 전문가가 말하는 글 잘 쓰는 비법은 단순하다. '많이 읽고 많이 쓰는 것'이다. 원래 책과 거리가 멀었던 나는 글쓰기에 관심이 생긴 후부터 종이 신문을 구독했다. 무료로 인터넷 신문을 볼수 있지만 종이 신문이 주는 여러 가지 이점이 있기 때문이다.

먼저 돈을 내기 때문에 아까워서라도 본다. 인터넷으로는 관심이 가는 기사만 골라서 보지만 종이 신문은 페이지를 넘기며 보기 때문에 다양한 분야의 기사를 접한다. 또한, 인터넷 기사보다 종이 신문이 눈의 피로도를 줄여준다. 그리고 시각과 청각, 촉각을 이용해 기사를 보기 때문에 집중도가 높아진다. 이렇게 쌓인 정보는 지식이 되고 글의 좋은 재료가 된다. 종이 신문은 습한 여름에 습도조절을 하거나 삼겹살을 구워 먹을 때 깔개로써도 아주 훌륭한 역할을 한다.

나는 수년간 SNS에 자주 글을 썼다. 정치, 사회, 연예, 스포츠 등 분야를 가리지 않고 단 한 줄을 쓰더라도 내 생각을 글로 표현했다. SNS에 올린 글의 '좋아요'와 댓글 반응을 보면 공감을 얻는 글인지, 그저 내 생각에만 치우친 글인지 판단할 수 있다.

시간이 지나면서 조금씩 글쓰기에 자신감이 붙자 신문 기고를 통해 공신력 있는 검증을 받고 싶었다. 인터넷 신문 오마이뉴스의 시민 기자 제도를 우연히 알게 되었다. 오마이뉴스에서는 일상생활 이야기도 기사가 된다는 사실을 알고서는 한동안 매일 기사를 쓰기도 했다. 내용이 괜찮으면 편집부의 상세한 피드백과 함께 소정의 원고료도 받았다. 종종 내가 쓴 기사가 메인에 배치될 때도 있었다. 무엇보다 며칠간 정성 들여 쓴 기사에 "좋은 기사예요. 정말 많은 위로가 되었어요"라는 댓글이 달렸을 때 뿌듯함이 있었다. 나는 조금 더 용기를 내 더 많은 사람을 위로하고 힘을 주기 위해 글을 썼고, 나 자신과 사투를 벌이며 책을 집필했다.

사표를 쓰지 않더라도 언젠가 회사를 떠나야 할 날이 올 것이다. 나는 책을 쓰며 지난날의 희로애락을 나만의 콘텐츠로 만들었고 꿈을 이루었다. 책이 있어 마음이 든든해졌다. 나도 했으니까 당신도 할 수 있다. 생각한 대로 살지 않으면 사는 대로 생각하는 법이다. 즐겁다고 생각하는 일에 도전하지 않고 일만 하는 나로 살까 두렵다.

6 사람은 죽어서
이름을 남긴다

     몇 년 전 온라인상에서 '인디언식 이름 짓기'가 인기를 끌었다. 독특한 이름 짓기는 자신이 태어난 연도 끝자리 숫자와 생월, 생일에 해당하는 수식어를 조합해 만든다. 이름 표에 따르면 내 이름은 1984년 '웅크린', 10월 '돼지', 30일 '의 혼', 즉 '웅크린 돼지의 혼'이 된다.

     어릴 때 들었던 '돼지', '날으는 돈가스'라는 별명 이후로 20여 년 만에 '웅크린 돼지의 혼'이라는 말을 듣고 웃음이 터져버렸다. 아내의 인디언식 이름은 '용감한 매의 행진'이다. '웅크린 돼지의 혼'과는 정말 대조적인 이름에 부러움을 금할 수 없었다. 인디언으로 태어나지 않아 천만다행이다.

인디언은 이름이 사람의 영혼을 실어 나르는 수레라고 믿는다. 그래서 그 사람의 고유한 특징을 담아 특별한 이름을 짓는다. '늑대와 춤을', '주먹 쥐고 일어서', '헤픈 웃음', '열 마리 곰' 등 다양하다.

'열 마리 곰'이라고 하니까 생각났는데 회사에 "장정 열 명의 열정을 가진 남자, 장정열입니다"라며 자신의 이름을 소개하는 입사 동기가 있었다. 한번 들으면 절대 잊을 수 없는 자기소개로 동기들 사이에서 마음껏 매력을 발산했다. 나는 그의 팬이 되었고 지금도 자주 연락하고 만나는 사이가 되었다.

출산을 앞두고 아이의 이름을 짓느라 한바탕 소동이 있었다. 나는 성경 말씀으로 아들의 이름을 짓고 싶었다. 그러나 아버지는 작명소를 운영해도 될 정도로 매일 같이 도서관에서 사주를 공부하며 손자 이름을 연구했다. 팽팽한 긴장감 가운데 수많은 이름 후보가 오르내렸다. 처음 열다섯 개가 넘는 후보로 시작해 살아남은 이름은 네 개. 나의 작명 세 개와 아버지의 작명 한 개가 최종 입후보되었다. 3대 1로 과반 의석을 차지한 힘이었을까. 아버지와의 평화협정을 통해 결국 내가 지은 '선강善强'이라는 이름이 당선되었다.

내가 지은 이름 세 개는 '선군(선하게 싸우는 군사)', '선후(선함으로 후히 베풀라)', '선강(선으로 악을 이기는 강한 자)'이었고 개인 SNS

에서는 '선후'가 가장 반응이 좋았다. 아버지는 '선호(선할 선, 클호)'라는 이름을 지었다. 가운데 '선' 돌림자에 음양오행, 형격, 원격, 이격, 정격 등을 고려한 최선의 이름이라고 했다. "돌림자로 인해 더 완벽한 이름이 나올 수 없어 아쉽다"라며 아버지는 볼펜으로 꾹꾹 눌러 쓴 연구 논문(?)을 보여주었다.

아버지에게 정중히 나의 뜻을 피력했다. "아버지, 저는 사주가 통계학에 기반을 두기에 근거 없는 미신은 아니라고 생각해요. 하지만 저는 생명을 주는 창조주가 삶을 주관한다고 믿어요. 이름이 삶을 좌우한다면 '이름 신'을 믿어야 하잖아요. 저는 성경 말씀으로 기도하며 지은 이름을 쓰고 싶어요." 진실한 마음이 전달된 것일까. 아버지가 답했다. "그래, 잘 알겠다. 결국 너희가 키울 아이인데 너가 이름을 정해야겠지. 다만 네가 지은 세 개 중에 가장 좋은 이름이 무엇인지 연구해서 알려주마." 이렇게 '선강'이라는 이름이 선택되었다.

온라인에서 사람 이름으로 지어진 '이름시'가 잔잔한 호응을 얻고 있다. 자신의 이름으로 지어진, 오직 자신만을 위한 시라는 점에서 많은 사람이 위안을 받는다. 대표적인 이름시 시인 두 명이 일간지에 소개되었다. 주인공은 김영환 시인과 고석균 시인이다.

광고업에 종사하는 김영환 시인은 현재까지 이름시 300여 편을 지었고 이를 의뢰인에게 무료로 제공한다. 그는 "능력으로 사람의 이름을 줄 세우는 요즘 사회에서 사람들은 자신의 소중함을 많이 잊는다"라며 그 사람의 직업, 능력을 따지지 않고 순수하게 그 사람을 표현하기 위해 맑은 단어를 쓰려고 한다고 전했다. 실제 이름시에는 별과 하늘, 꽃과 나무 같은 자연과 관련된 단어가 자주 쓰인다.

고석균 시인은 이름시 7천 여 편을 써왔다. 그 역시 한 사람만을 위한 시를 쓰고 싶어 이름시를 짓기 시작했다. 그는 요청을 받으면 그 사람의 고민을 파악해 상황과 잘 어울리는 이름시를 지으려고 한다고 했다. 또한 "이 일을 계기로 누군가에게 이름시가 큰 의미로 다가갈 수 있겠다고 생각했다. 이름시로 사람들에게 좋은 영향을 끼쳤으면 좋겠다"라고 말했다.

유리처럼 예쁜 그대의 숨결이 있어서

하늘 아래 아름다운 사람이 누구냐 하거든

은은한 그대라고 당당히 대답하겠소

－ 고석균, 〈유하은〉

항상 불리던 자신의 이름에 의미가 새롭게 부여된 이름시를 선물 받은 의뢰인들은 감격의 눈물을 흘리기도 한다. 이름의 의미를 통해 정체성을 발견하게 해주는 이름시는 감동을 넘어 자존감을 높여주는 데 일조한다.

이름에는 그 사람을 규정하는 놀라운 힘이 깃들어 있다. 할아버지는 나에게 '현중炫中'이라는 이름을 지어주었다. '밝은 마음으로 빛의 중심에 서라'는 의미가 아닐까 해석해 보며 내 안의 긍정성이 우연은 아니라는 생각이 든다.

나는 '선강'이라는 이름처럼 아이가 선으로 악을 이기는 강한 사람으로 자라기를 바란다. 그에 앞서 내가 먼저 선으로 악을 이기는 강한 사람이 되고 싶다. 부모는 삶으로 가르치는 것만 자식에게 남기는 법이니까. '천국은 우리 가정과 같은 곳'이라는 어느 라디오 광고처럼 나는 우리 가족을 행복하게 해주는 가장이 되고 싶다. 더 큰 꿈이 있다면 부부 학교, 부모 학교, 인생 학교를 만들어 대한민국의 모든 가정이 행복해지도록 돕는 사람이 되고 싶다.

7 '오른'쪽만 '옳은' 쪽이
아닌 이유

결혼 후 1년이 되어가던 어느 날, 아내의 낯선 모습을 발견했다. 아내가 돈을 세는 모습을 보다 깜짝 놀랐다. 아내는 분명 오른손으로 밥을 먹고, 글씨도 썼다. 당연히 오른손잡이라고 생각했는데 왼손으로 능숙하게 돈을 세는 것이 아닌가.

나   어라? 여보는 돈을 왼손으로 세네?

아내   응. 그냥 자연스럽게 돈은 왼손으로 세는 게 편하더라고.

나   오, 신기하네. 돈을 왼손으로 세면 잘 산다고 하던데.

아내   그런데 더 놀라운 건 뭔지 알아? 엄마는 왼손잡이인데 돈만 오른손으로 세.

아내의 말에 우리 부부는 크게 웃었다. 그런데 "돈을 왼손으로 세면 잘 산다"라는 말은 사실일까? 데이비드 올먼은 저서《호모레프트 왼손잡이가 세상을 바꾼다》에서 왼손잡이가 돈을 더 많이 번다는 통계가 사실이라고 밝혔다. 왼손잡이는 '우뇌형 사고'에 능해 타인의 공감을 쉽게 끌어내는 능력이 있다는 게 그 이유다.

오른손잡이로 불편함 없이 살아온 나는 처음으로 왼손잡이에 대해 진지하게 생각해 보았다. 세상은 왼손잡이에게 상당히 불편한 구조로 되어 있다는 것을 발견했다. 컴퓨터 마우스, 지하철 개찰구, 왼쪽에서 오른쪽으로 쓰는 글씨 방향, 오른손잡이를 위해 제작된 현악기 등 헤아릴 수 없다.

직장 동료들과 점심 식사 때 일이다. 자율 배식을 하는 구내식당이라 가장 앞에 줄 서 있던 나는 음식이 담긴 식판을 들고 빈 테이블을 찾았다. 나는 뒷사람을 생각해 가장 구석으로 들어가 자리에 앉았다. 그런데 뒤따라오던 동료가 다급한 목소리로 나에게 자리를 바꾸자고 했다. 그는 자신이 왼손잡이라서 식사할 때 옆 사람과 부딪치지 않는 왼쪽 가장자리를 선호한다고 말했다. 그의 배려심에 한 번, 왼손잡이의 고충에 한 번 더 놀랐다.

한국갤럽의 설문 결과 우리나라의 93퍼센트가 오른손잡이고, 단 5퍼센트만이 왼손잡이로 나타났다. 전 세계의 왼손잡이는 10퍼센트에 불과하다고 한다. 옛날에는 오른쪽이 올바른 쪽이라고 생각했다. 절대다수인 오른손잡이를 정상으로 여긴 것이다. 그래서 '옳은 쪽'이라는 의미를 담아 '오른쪽'이란 단어가 파생되었다. 이런 인식은 영어 단어 Right에서도 드러난다. Right는 '옳다'와 '오른쪽'의 두 가지 뜻을 동시에 내포한다.

그렇다면 '왼쪽'이란 단어는 어떻게 탄생했을까? 왼쪽은 '그르다'의 옛말인 '외다'에서 파생되었다. '옳은(오른) 쪽'의 반대말로 '그른(왼) 쪽'이 만들어진 것이다. 영어 단어 Left도 '쓸모없다'는 뜻인 Lyft에서 파생되었다. 어디든 오른손잡이가 절대적 기득권임을 알 수 있다.

아내가 중학교 3학년 시절에 갔던 인도 여행기를 들려준 적이 있다. 인도라고 하면 많은 인구, 힌두교, 불교, 성자를 비롯해 카레, 게임 속 캐릭터 '달심'까지 여러 가지 이미지가 떠오른다. 하지만 나는 인도인이 진짜 오른손으로 밥을 먹고 왼손으로 밑을 닦는지가 가장 궁금했다. 아내는 나의 원초적인 질문에 웃으며 그런 사람은 보지 못했다고 말했다. 오히려 음식이 입에 안 맞아 고생했지 식사 문화에 따른 이질감은 없었다고 했다. 나는 여기서 포기할 수 없었다.

나 여보가 간 뉴델리가 현대화되어서 그런 게 아닐까? 시골에 가면 아직도 손을 쓰는 사람들이 있지 않을까?

아내 글쎄. 갠지스강도 가보고 다른 곳도 가봤었는데 손으로 밥 먹

는 데는 없던데. 길거리에는 소가 많아 신기했고 날씨는 숨이
턱 막힐 정도로 더웠어.

아내가 본 걸 못 봤다고 할 리도 없기에 인도에 대한 호기심은
이쯤에서 접어야 했다. 그러다 한 매체에서 이광수 교수의 인도 유
학 경험 이야기를 접할 수 있었다. 이광수 교수는 "나를 만나는 사
람들이 가장 많이 궁금해하거나 이상하게 생각한 것은 단연코 그
사람들은 왜 손으로 밥을 먹고 손으로 밑을 닦느냐는 것이었다"라
고 회고하며 말문을 열었다.

나는 많은 동지를 얻은 듯 반가운 마음으로 그의 말에 주목했
다. 그는 무한 반복되는 우문을 한마디 현답으로 무찔렀다고 했다.
"너는 상추쌈을 숟가락 젓가락으로 먹냐? 손으로 안 먹고? 또 너
는 똥을 발로 닦냐? 손으로 안 닦고? 네가 화장지를 손으로 사용해
닦듯 그 사람들도 물을 이용해 손으로 닦는 거란 말이다."

이어서 "인도인 역시 오른쪽이 바른 쪽이라는 인식이 있어 오
른손으로 밥을 먹고 왼손으로 밑을 닦는다. 어떤 사람이 왼손으로
돈을 주면 안 받는 경우도 있지만 요즘 젊은 세대는 왼손을 써서
밥을 먹기도 한다"라고 말했다. 그는 문화 차이를 인정하고 이해
해야 한다고 강조했다.

'오른손이 하는 일을 왼손이 모르게 하라'는 성경 구절이 있다.
예수는 신과 사람을 사랑해서가 아니라 남에게 좋은 평판을 얻기

위해 친절을 베푸는 자들을 비판했다. 그런데 지나가던 왼손이 앞 뒤 없이 이 구절만 듣는다면 많이 서운하지 않을까?

오른쪽만 옳은 쪽이 아니다. 왼쪽이든 오른쪽이든 정의 구현을 위해 올바르게 나아가는 쪽이 옳은 것이다. 양손으로 따스하게 사회적 약자를 어루만지고 양손 모아 뜨겁게 기도하며 더 나은 세상을 위해 나아감이 진정 올바른 길이다. 예수에게 양해를 구하고 살짝 표현을 바꿔보면 어떨까? "오른손과 왼손이 더불어 더욱 선한 일에 힘쓰라!"

아직 우리 주위에는 '사회적 왼손잡이'가 많다. 소수라는 이유로 경멸과 혐오의 대상이 되고 약자라는 이유로 소외와 무시의 대상이 된다. 사회는 그들을 불편한 존재로 여긴다. 편리함을 해치는 장애물로 여긴다. 비열한 이기심이 빚어낸 결과다. 나도 분명 알게 모르게 그 이기심에 일조했다.

불편하다고 해서 그른 것이 아니며 편리하다고 해서 옳은 것이 아니다. 숨고 싶은 뙤약볕은 과일을 잘 익게 하고, 피하고 싶은 태풍은 바닷물을 순환시켜 정화 작용을 돕는다. 우리는 불편한 만큼 성숙해진다.

주변에서 편리함만 추구하다 단 한 치도 자라지 못한 추악한 늙은이를 볼 수 있다. 나이만 먹는다고 다 어른이 되는 것이 아니다. 불편함을 향해 뚜벅뚜벅 걸어갈 때 비로소 어른이 된다.

성인이 된 지 10여 년이 흘렀다. 미성년자에서 벗어나 마음껏 술과 담배를 즐기고 19금 영화를 당당하게 보며 '나도 이제 어른 이야'라고 만족했던 20대의 시간은 지났다. 30대는 어른이 된다는 것이 무엇인지 고민할 때다. 가정을 이루고 자녀를 낳으면 정신없 이 시간이 흘러 어쩌다 부모가 된다. 어쩌다 어른이 되었는지 당황 스러울 새도 없이 어른 흉내를 내다 보면 어쩌다 노인이 된다.

고령사회에 진입한 대한민국은 초고령 사회를 향해 무섭게 달 린다. 우리는 불편함을 선택하고자 노력해야 한다. 또한, 삶을 통 해 불편함을 다음 세대에 가르쳐야 한다. 그렇게 할 때 우리 사회 에는 진정으로 '옳은' 어른이 많아질 것이다.

8 내가 꿈을 선택할까, 꿈이 나를 선택할까?

지난해 티브이를 통해 알게 된 독보적인 존재가 있다. 열여섯 살 소년 농부 한태웅이 그 주인공이다. 귀농, 귀촌 체험 예능 프로그램 〈풀 뜯어 먹는 소리〉에는 김숙, 정형돈 등 전문 예능인들이 출연했다. 하지만 그들에게도 이 소년의 미친 예능감은 '넘사벽'이었다.

한태웅은 일단 구수한 말투부터 열여섯 살이 아닌 예순한 살 할아버지를 연상하게 한다. '애늙은이의 끝판왕'이라고 해야 할까. 그는 〈흙에 살리라〉라는 어르신들 노래를 수준급의 동굴 창법으로 구수하게 부르기도 한다.

벌써 농사 경력 8년 차 농부 한태웅은 매일 새벽 5시 반이면 어김없이 소여물을 주기 위해 눈이 절로 떠진다고 한다. 정형돈이 물었다. "이걸 평생 해야 하잖아요? 새로운 일이 없다는 게 후회스럽지 않으세요?" 이에 한태웅이 답했다. "그래도 얘들(가축들)이 밥 먹는 모습 보고 새끼 낳는 모습 보면 지는 그게 새로운 일이지유. 즐겁게 살다 보니 몸도 부지런하게 되는 거지유."

출연진들은 열여섯 살 한태웅 안에 득도한 큰 스님이 앉아 있는 것 같다며 감탄을 금치 못했다. 한태웅은 "농지에 공장이 들어오고 젊은 사람들이 떠나는 게 너무 마음 아퍼유, 그래서 지는 땅 한 평이라도 더 짓고 가축 한 마리라도 더 키우려고 해유"라고 말해 듣는 이들을 숙연하게 만들었다.

대한민국 중학생 중에서 한태웅만큼 꿈틀거리는 꿈을 가진 사람이 얼마나 있을까? 아니, 대한민국 전체에서 본인이 하는 일과 꿈이 일치하는 사람이 얼마나 있을까?

사실 나도 열여섯 살 때 가슴 뛰는 꿈을 꾸었다. 고등학교 진학을 앞두고 진로를 탐색하던 중 '전투 조종사'라는 직업에 꽂힌 것이었다. 고등학교 시절 3년을 전투 조종사의 꿈으로 가득 채우며 공군사관학교 준비에 몰입했다. 매일 밤 나는 무릎 꿇고 기도했다. '제가 전투 조종사가 된다면 목숨 바쳐 나라를 지키겠습니다. 저를 도와주세요.'

많은 꿈 중에 왜 하필 전투 조종사였을까? 우리는 잠을 자면서 꿈을 꾼다. 그런데 꿈은 의지와 상관없이 불현듯 찾아온다. 내가 꿈을 꾸었다고 말하지만 사실 꿈이 나를 습격했다고 말하는 게 더 정확하다. 이처럼 어느 날 전투 조종사라는 꿈이 나를 불쑥 찾아왔다. 그냥 농사가 좋아서 농부가 되었다는 소년 한태웅과 별반 다르지 않았다.

하지만 나는 전투 조종사의 꿈을 이루지 못했다. 까다롭기로 소문난 신체검사에서 시력 미달로 탈락했기 때문이다. 어느 날 갑자기 찾아온 꿈을 선택한 나는 대가를 혹독히 치러야 했다. 꿈꾸는 3년 동안 상상했던 창공을 누비는 독수리의 모습은 신체검사 세 시간 만에 현실의 땅으로 추락한, 날개 꺾인 메추리가 되어 있었다. 두 번 다시 꿈에 배신당하지 않으리라 다짐하며 20대를 맞이했다. 그렇게 가슴속에 꿈을 묻은 채 살았다.

흔들리며 자라는 나무처럼 우리는 어려서부터 계속 흔들리며 자란다. 내가 진짜 누구인지 모르기 때문이다. 다양한 새가 꿈을 물고 와서 나무에 앉는다. 그리고 나무를 향해 저마다 지저귄다.

"나무야, 내 꿈은 큰 둥지를 짓는 거란다."

"나무야, 내 꿈은 예쁜 둥지를 짓는 거란다."

"나무야, 내 꿈은…."

"나무야, 내 꿈은…."

나무는 흔들리기 시작한다. '큰 둥지를 지으려면 가지를 넓게

뻗어야겠지? 아니야. 예쁜 둥지를 지으려면 가지를 가지런히 모아 줘야겠지?' 나무가 흔들리자 새들은 견디지 못하고 다시 꿈을 물고 날아가 버린다. 나무는 외로워진다. '내가 어떤 모습이 되어야 새들이 나를 떠나지 않을까? 나도 나를 잘 모르겠어.'

나는 지금 다시 꿈을 꾼다. 15년 만에 새로운 꿈이 나를 찾아왔다. 고든 스미스는 저서 《소명과 용기》에서 "우리는 30대 중반쯤이 되어야 '내게 가장 중요한 것이 무엇인가?'라는 의미심장한 질문을 생각할 수 있다. 사실 30대 중반이 되기 전에는 자신을 실제로 알 수 없다"라고 했다.

진로와소명연구소 정은진 소장은 고든 스미스의 말을 이렇게 해석했다. "30대 중반이 되면 인생의 중요한 결정을 몇 번 내린 시점이다. 결혼도 했고, 직장도 선택했다. 하나를 선택한다는 것은 그 나머지를 포기한다는 의미이며, 어떤 기준을 가진다는 것을 뜻한다. 선택을 해보면 이제까지 말했던 것과 자신이 실제 행동하는 것 간의 간격을 알게 되고, 보다 자신을 직면하게 된다."

그렇다. 그동안 선택과 포기를 반복하며 찾은 기준을 통해 나는 지금 나를 직면하고 있다. 30대 꿈은 달라야 한다. 진짜 나를 만나야 한다. 프랑스 사상가 장 자크 루소의 말처럼 사람은 생물학적으로, 사회적으로 두 번 태어난다. 우리는 이 세상에 태어나 나 자신의 필요를 위해 생존하며 산다. 그러다 소명을 발견하면 사회적 필요를 위해 존재하는 사람으로 성장한다. 소명은 영어로 'calling' 인데 '부름'을 뜻한다. 나를 직면할 때, 세상의 필요를 채우는 꿈으로부터 내가 부름을 받았다는 것을 깨닫는다. 어떤 사람은 환자의 필요를 채우는 의사가 되어 건강한 세상의 꿈을 이뤄간다. 또 어떤 사람은 인간의 미적 욕구를 채우는 예술가가 되어 아름다운 세상의 꿈을 만들어간다.

1963년 8월 28일, 30대 중반의 한 연설가는 자신의 소명을 전 세계에 공표했다. 그 연설은 지금까지 세계 3대 명연설로 회자될 정도로 세계인의 가슴을 울렸다. 그는 바로 마틴 루터 킹이다. "나에게는 꿈이 있습니다"라는 연설은 미국 흑인 민권운동을 견인하며, 미국 역사상 최대 규모의 비폭력 평화 인권 집회를 더욱 빛냈다.

나에게는 꿈이 있습니다. 언젠가 이 나라가 모든 인간은 평등하게 태어났다는 것을 자명한 진실로 받아들이고, 그 진정한 의미를 신조로 살아가는 날이 오리라는 꿈입니다.

나에게는 꿈이 있습니다. 언젠가는 조지아의 붉은 언덕 위에 옛 노예의 후손과 옛 주인의 후손이 형제애의 식탁에 함께 앉는 날이 오리라는 꿈입니다.

나에게는 꿈이 있습니다. 언젠가는 불의의 열기에, 억압의 열기에 신음하는 저 미시시피주마저도, 자유와 평등의 오아시스로 변하리라는 꿈입니다.

나에게는 꿈이 있습니다. 나의 네 아이들이 피부색이 아니라 인격에 따라 평가받는 그런 나라에 살게 되는 날이 오리라는 꿈입니다.

오늘 나에게는 꿈이 있습니다.

– 마틴 루터 킹, 워싱턴 대행진 연설 중

마틴 루터 킹의 흑인 민권운동은 수백 년 동안 인종차별에 길들어 있던 미국 사회에 거역할 수 없는 불꽃을 일으켰다. 이를 계기로 1964년 시민권법과 1965년 선거권법은 흑인에 대한 모든 정치적, 사회적 차별 철폐를 보장하게 되었다. 그에게 찾아왔던 아름다운 꿈이 그의 소명이 되었고 마침내 실현되었다. 그의 꿈은 많은 사람이 아름다운 세상을 꿈꾸게 했다.

나는 지금 작가의 꿈을 꾼다. 힘들고 지친 사람의 영혼을 위로하는 작가가 되어 따뜻한 세상을 만드는 꿈을 이루고 싶다. 공대 출신에, 유통업에 몸담은 84년생 직장인이 갑자기 작가가 되겠다고? 의아할 것이다. 하지만 수년간 "나에게 가장 중요한 것은 무엇인가?"라는 질문으로 치열하게 나를 직면해 왔다. 그 결과, 어쩌면 아주 오래전부터 나를 불렀을지도 모르는 꿈의 소리를 들었다.

30대 꿈은 소명이다. 혹시 지금 자신을 부르는 꿈의 소리가 들리는가? 조용히 자신과 직면하는 시간을 가져보자. 그리고 꿈의 소리에 귀 기울여 보자. 나에게 어떤 세상의 꿈을 말해줄까?

진짜 나의 삶은 이제부터 시작이다

기회를 뜻하는 영어 단어에는 'Chance'와 'Opportunity'가 있다. Chance는 운으로 얻은 기회, Opportunity는 만들어낸 기회를 의미한다. 즉 Chance는 우연성, Opportunity는 필연성을 내포한다.

스탠퍼드대학교 신경과학 박사 티나 실리그는 20년 넘게 기업가 정신에 대해 강의해 왔다. 그는 행운과 불운은 절대 우연이 아니며 운은 계속해서 부는 바람과 같다고 말한다. 그래서 운 속에서 기회를 찾아 행운으로 만들어내는 것이 중요한데, 그 비결은 세 가지다. 위험을 감수하고 감사하는 습관을 들이며 아이디어를 바라보는 새로운 관점을 가지는 것이다.

행운은 우연을 필연으로 승화시킨 결과물이다. Chance를 Opportunity로 만드는 일은 나의 선택에 달려 있다. 서른 넘어 시작된 고민은 나를 변화시켰다. '지금의 나'를 사랑하면 '나의 지금'을 사랑하게 된다. 어느 날 불어온 고민에 나만의 비결을 찾고자 몸부림치니 기회가 되었다. 나의 다섯 가지 기회를 요약하면 다음과 같다.

우리는 보는 대로 믿고, 믿는 대로 본다. 클리셰 같지만 반 정도 물이 담긴 컵을 보며 물이 반이나 있다고 할지, 반밖에 없다고 할지는 믿음과 관련 있다. 직장을 전쟁터로 보면 나의 영혼을 잠식하는 지옥이 된다. 이 세상에 의미 없이 존재하는 것은 없다. 경험도 그렇다. 모든 경험이 나의 성장을 위한 발판이라고 믿으면 직장은 나의 무대가 된다. 이것이 '일'에서 고민하던 나에게 찾아온 첫 번째 기회다.

어쩌다 서른이 되자 후회와 두려움이 밀려왔다. 화려한 이상과 초라한 현실의 괴리감을 느끼며 '왜 좀 더 노력하지 않았을까?'라며 과거를 한탄했다. 동시에 '앞으로 어떻게 살아야 할까?'라며 미래의 불확실성에 공포를 느꼈다. 그러나 백날 후회한들 과거를 바꾸지 못하고 두려워한들 미래를 확정하지 못한다. 중요한 것은 현재다. 바로 지금, 이 순간의 삶에 집중하며 소소한 행복을 쌓아갈 때 후회와 두려움은 사라진다. 이것이 '현실'에서 고민하던 나에게 찾아온 두 번째 기회다.

주변의 기대와 시선이 만들어낸 거울 자아는 우리를 끝없는 욕망의 노예로 전락시킨다. 그러나 '나 자신이 되는 것'에 초점을 맞추면 나는 그 자체로 우주에서 유일한 존재임을 인식하게 된다. 부족한 나를 그대로 인정하고 사랑하는 것이다. 산사에 가면 '수각'이 있다. 흘러든 물이 수각을 가득 채우면 넘쳐흘러 주변의 메마른 땅을 적신다. 내가 나를 사랑으로 가득 채우면 그 사랑이 주변으로 흘러간다. 이것이 '관계'에서 고민하던 나에게 찾아온 세 번째 기회다.

비혼의 시대에도 여전히 많은 남녀가 결혼한다. 결혼은 행복의 관문일까, 불행의 서막일까? 대한민국에서 결혼은 체면 문화의 극치를 보인다. 그 어느 때보다 외적인 조건을 중시한다. 그러나 행복과 불행은 상대의 조건이 아니라 나의 인격에 좌우된다. 성숙한 내가 되고자 불편함을 감수할 때 결혼은 행복한 여정이 된다. 행복을 추구하는 이기적인 결혼은 불행하지만, 성숙을 추구하는 이타적인 결혼은 행복하다. 이것이 '결혼'에서 고민하던 나에게 찾아온 네 번째 기회다.

우리는 꿈을 좇을지, 현실과 타협할지 흔들리며 살아간다. 특히 30대에는 갈등이 깊어진다. 이때가 진짜 나를 만날 시간이다. 책에 등장한 인물 중 대표적으로 빅터 프랭클, 생텍쥐페리, 프리다 칼로, 마틴 루터 킹의 공통점은 무엇일까? 그들은 마음속 꿈틀거림에 귀 기울이고 그것을 용기 있게 선택했다. 꿈은 북극성과 같다. 북극성은 가장 밝은 빛으로 방향을 알려준다. 막막한 현실에 좌절하여 넘어질 때도 꿈은 내가 가야 할 방향을 비춰준다. 그리고 나를 다시 일으킨다. 이것이 '꿈'에서 고민하던 나에게 찾아온 다섯 번째 기회다.

30대는 기회다. 진짜 나를 만나 진지하게 묻고 성실하게 찾은 나만의 답을 실제 삶에서 하나씩 증명해 나갈 때다. 한편으로는 기회가 다시 고민처럼 느껴지기도 한다. 멋진 말을 떠벌리는 것은 누구나 할 수 있지만, 멋진 삶을 살아내는 것은 아무나 할 수 없기 때문이다. 내가 쓴 글이 부끄럽지 않은 삶을 살아낼 수 있을까?

하지만 사랑하는 사람과 함께 하기에 두렵지 않다. 부족한 남편을 언제나 지지해 주는 아내가 있어 큰 힘이 된다. 아내의 헌신과 배려가 아니었다면 이 책은 세상에 나올 수 없었다. 지희야, 진심으로 사랑해.

또한, 아빠에게 삶의 기쁜 책임감을 선물해 준 첫째 아이와 어려운 시국에 봄처럼 생명의 희망을 안겨 주며 태어난 둘째 아이에게도 참으로 고맙다. 선강아, 예안아 사랑해.

《미저리》와《쇼생크 탈출》등으로 유명한 세계적 베스트셀러 소설가 스티븐 킹은 "글쓰기는 인간의 일이고, 편집은 신의 일이다"라고 말했다. 원석으로만 남을 뻔했던 원고가 웨일북을 만나

보석으로 거듭났다. 특히 김효단 편집자의 '신의 한 수'가 있었기에 가능한 일이었다. 웨일북 식구들에게 진심으로 감사한다.

숙성된 김치가 맛있듯 글에도 숙성 기간이 필요함을 느꼈다. 인생도 그렇지 않을까? 부족함이 많은 내가 숙성되어 가도록 울타리가 되어준 가족, 늘 함께 있어준 친구들, 선한 영향을 준 멘토와 직장 동료들에게도 감사한다.

마지막으로 이 책을 끝까지 읽어준 독자에게 깊은 감사의 말을 전한다.

___ 첫 번째 기회 / 일

1. 마실방랑자, "마이클 브린 한국인을 말하다", 2019.10.9. https://blog.naver.com/jmj970431/221672865716

2. 최우영, "지난해 매일 37.5명씩… 7년 만에 자살률 증가", 〈머니투데이〉, 2019.9.24.

3. 노승욱, "대한민국 30대 보고서", 〈매일경제〉, 2016.6.10.

4. 정진훈, "고용노동부, 10월 1일부터 '배우자 출산휴가 유급 10일' 확대 시행", 〈뉴스프리존〉, 2019.9.30.

5. 김선재, "떨어졌지만 빛난 청년 정치인", 〈M이코노미〉, 2018.7.5.

6. 이병규, "또라이 질량보존의 법칙", 〈문화일보〉, 2015.9.15.

7. 이용춘, "불필친교(不必親校)", 〈강원도민일보〉, 2018.10.5.

8. My JJong SSoon, "장경동 목사의 말에 대한 언급", 2013.12.18. https://www.youtube.com/watch?v=00fBtA2wBqg

9. 김포그니, ""네가 최순실이냐"… 욕설 아니어도 '모욕죄'", 〈한겨레〉, 2018.6.13.

10. 황기현, "직장 내에 최소 1명은 있다는 '또라이 상사' 대처법 4", 〈인사이트〉, 2017.5.7.

11. 임찬영, "'상사가 소시오패스 같아요' - 자기애성 성격장애란?", 〈정신의학신문〉, 2018.7.28.

12. GoOn, "TOURISM-4월의 해외 소식", 2018.4.10. https://m.post.naver.com/viewer/postView.nhn?volumeNo=14571147&memberNo=16546814&vType=VERTICAL

13. 빅터 프랭클, 《죽음의 수용소에서》, 청아출판사, 2005.

14. 나무위키, '카페라테'.

15. 현소은, "'젊은 꼰대' 1위… "내가 해봐서 아는데'", 〈한겨레〉, 2019.11.18.

16. 임홍택, 《90년생이 온다》, 웨일북, 2018.

17. 권재현, "시대정신이 된 '안티꼰대'", 〈주간동아〉, 2019.11.23.

18. 네이버 지식백과, 시사상식사전, '꼰대'.

19. 구민주, "우리 꼰대는 돼도 '꼰대괴물'은 되지 말자고요", 〈시사저널〉, 2019.11.18.

20. 김수현, "서양도 '꼰대'를 싫어한다… "OK부머!" 무슨 뜻?", 〈머니투데이〉, 2019.11.12.

21. 박상권, "한국 직장인 84% '자신 업무에 몰입 못해'", 〈뉴시스〉, 2012.7.25.

22. 신은경, "버릴 게 없다", 월간 〈행복한동행〉, 2011.4월호.

23. 박찬은, "직장인의 로망 인생 이모작…30대에 해야 할 5가지", 〈매일경제〉, 2010.11.29.

24. 김호이, "장수한 퇴사학교 교장 '퇴사하면 개고생이다!'", 〈아주경제〉, 2018.7.29.

25. 정혜윤·정진우, "'나이 어린 상사와 아버지뻘 부하' 전 세계는 인구전쟁", 〈머니투데이〉, 2017.1.17.

26. 이준희, "현대엔지니어링, 창립 43년 만에 노동조합 설립", 〈엔지니어링데일리〉, 2017.12.14.

27. 성예원, "'노안'과 '섹시함'의 경계, 주름", 〈한국경제〉, 2009.10.5.

28. 이명수, "돈 한 푼 안 들이고도 멋있는 노인 되는 법", 〈오마이뉴스〉, 2018.7.30.

29. 낸시 마이어스, 〈인턴〉, 2015.

30. 김경년, "오바마 딸 다녀온 '갭이어', 서울시도 도입할까", 〈오마이뉴스〉, 2017.7.20.

___ 두 번째 기회 / **현실**

1. 최준호, "[노트북을 열며] 거짓 예언자 구별법", 〈중앙일보〉, 2017.9.6.

2. 김윤구, "한국, 보아오포럼 '아시아 경쟁력' 1위 올라", 〈연합뉴스〉. 2019.3.26.

3. 김영선, "유엔개발계획 '한국 성평등 수준 아시아 1위'", 〈국민일보〉. 2019.12.18.

4. 책쟁이, "미래에서 보면 지금이 가장 젊은 날이다", 2014.8.2. https://m.post. naver.com/viewer/postView.nhn?volumeNo=149250&memberNo=610&vT ype=VERTICAL

5. 플라타네스, ""나 지금 떨고 있니…" 오늘날에도 회자되는 드라마 모래시계", 2014.12.22. https://blog.naver.com/buddistjhs/220216647728

6. 김태형, 《트라우마 한국사회》, 서해문집, 2013.

7. 장수경, "30대 '가장 비관적'… 인생에 가장 큰 영향 주는 건 '부모 경제력'", 〈한겨레〉, 2017.12.24.

8. 뉴시스, "가장 비관적인 세대, 30대… '집단우울증 의심되는 수준'", 〈뉴시스〉, 2018.1.7.

9. 김혜경, "[임용교육 수기] 강원소방 새내기 소방관 – 문성우", 〈소방방재신 문〉, 2018.6.25.

10. 이태희, "직장인 95% '늘 피곤함을 달고 산다'", 〈파이낸셜뉴스〉, 2016.7.19.

11. 조재성, "피곤하고 시간 없는 한국인", 〈이코노믹리뷰〉, 2015.6.29.

12. 한병철, 《피로사회》, 문학과지성사, 2012.

13. SBS 뉴스, "[골룸] 책영사 38 : 한병철의 '피로사회'", 이주형, SBS, 2018.7.20.

14. 알렉스 수정 김 방, 《일만 하지 않습니다》, 한국경제신문, 2018.

15. 리틀빅 히어로, "응원합니다16 김은남", 이상록, tvN, 2013.7.15.

16. 김종근, "[김종근 문화산책] 성공에 이르는 첫째 열쇠 '꿈'", 〈국방일보〉, 2018.3.15.

17. 무라카미 하루키, 《직업으로서의 소설가》, 현대문학, 2016.

18. 한국심리학회, 'MBTI', 심리학 용어사전.

19. 네이버 지식백과 시사상식사전, '포모증후군'.

20. 한국영업인협회, "[인생 명언]당신의 성공을 막는 7가지 두려움", 2015.3.13. https://cafe.naver.com/wwwxodls77/89776

21. 박길수, "심리작동 스위치는 내 안에!!", 〈디트뉴스24〉, 2018.4.30.

22. 박용근, "[新택리지] 하늘과 땅이 만나는 곳…지평선의 고장, 김제", 〈경향신문〉, 2013.2.27.

23. 트렌드헌터, "어느 건물주의 하루일과", 2015.4.6. https://cafe.naver.com/trendhunting/128398

24. 하정아, "[이 아침에] 3000번 넘어지고 일어서기", 〈중앙일보〉, 2015.12.15.

25. 이정우, "[청진기] 자기돌봄의 시간", 〈경상일보〉, 2018.1.30.

26. 제이슨 코테키, 《너무 일찍 어른이 될 필요는 없어!》, 트로이목마, 2017.

27. 서울삼성병원 건강상식, "월요병 완벽 타파", 2015.8.4. http://www.samsunghospital.com/home/healthInfo/refer/healthView.do?HEALTH_TYPE=020004&HEALTH_ID=HT222

28. 손동우, "지금 말하세요, 사랑한다고…고맙다고…", 〈매일경제〉, 2009.12.18.

___ 세 번째 기회 / **관계**

1. 이동귀, "[거울 자아 이론] 타인이 바라보는 내 모습과 실제 내 모습은 같을까?", 〈북DB〉, 2017.2.10.

2. 김혜란, "에일리 "살 빼려 하루 500칼로리만…49kg일 때 보긴 좋았지만 가장 우울"", 〈동아일보〉, 2018.8.6.

3. 이승종, "18세 소녀 SNS 스타에서 투사로 변신한 까닭은?", 〈KBS〉, 2015.11.4.

4. 이상, 〈거울〉, 1934.

5. 한밭야경, "반항하는 인간 - 알베르 카뮈", 2008.9.25. https://blog.naver.com/nightview347/40055366444

6. 이영희, "행복의 공식은 인간 초기 값으로 리셋하는 것", 〈중앙일보〉, 2017.7.16.

7. 이지원, "달리 씨, 당신이 달리 보이네요", 〈채널예스〉, 2017.10.23.

8. 임지훈, "직장인 30% '난 '일 중독자''", 〈서울경제〉, 2018.7.28.

9. 조명국, "당신도 '바쁨 중독자'인가요?", 〈ㅍㅍㅅㅅ〉, 2018.8.13.

10. 엄기영, "[우리나라의 통상적 중산층 기준은] 월 소득 500만 원 이상·30평 아파트…소득에 초점", 〈국민일보〉, 2014.2.10.

11. 오연호, 《우리도 사랑할 수 있을까》, 오마이북, 2018.

12. 존 라세터, 〈토이 스토리〉, 1995.

13. 심성미, "[저자와 함께 책 속으로] '외롭지도, 상처받지도 않으려면 타인과의 적정한 거리 찾으세요'", 〈한국경제〉, 2018.2.8.

14. 이종훈, "[가고파] 던바의 법칙 - 이종훈 정치부 부장", 〈경남신문〉, 2017.11.9.

15. 이정환, "질문 안 하는 기자들? 안 하는 게 아니라 못하는 것", 〈미디어오늘〉, 2014.2.3.

16. 이효설, "질문을 잘 하는 아이로 키우려면", 〈영남일보〉, 2017.11.6.

17. 최윤리, "배움의 시작, 질문하는 힘을 키워라", 〈매일경제〉, 2018.5.17.

18. 로디나비마, "[ToM] 멘토 : 비탈릭 부테린(이더리움 창시자), 랍비 색스(종교 지도자), 19. 줄리아 갈래프(작가)", 2018.7.13. https://blog.naver.com/marsyoo/221318083788

19. 조영탁, "[행복한 경영이야기] 무엇이 성공인가", 〈파이낸셜뉴스〉, 2006.2.7.

20. 체인지 그라운드, "인생을 변화시키는 5가지 중요한 질문들", 2017.9.4. https://www.youtube.com/watch?v=Bv3dkuQzJi4

21. 윤동주, 〈별 헤는 밤〉, 1941.

22. 오연호, 《우리도 사랑할 수 있을까》, 오마이북, 2018.

23. 권순재, "품앗이육아 "우린 독박 안 써요"", 〈경향신문〉, 2018.8.29.

24. KBS스페셜, "스페인 몬드라곤의 기적", 〈KBS〉, 2011.3.27.

25. 김이준수, "'빨래방카페 협동조합'이 뜬다", 〈오마이뉴스〉, 2018.8.22.

26. 하정은, ""내 죽음 앞에서 내가 주인이 돼야 합니다"", 〈불교신문〉, 2015.6.10.

27. 이혜미, "초고령사회 일본… '엔딩산업'이 뜬다", 〈헤럴드경제〉, 2017.9.8.

28. 신지혜, "웰빙 이어 웰다잉 열풍… 장례식도 개성 따라 선택한다", 〈파이낸셜 뉴스〉, 2018.3.4.

29. JTBC 뉴스룸, ""고생했어" 다시 힘내기 위해…'영정사진' 찍는 청년들", JTBC, 2018.6.30.

30. 힐링캠프 162회, "기부잉꼬 [션, 정혜영 부부 편]", SBS, 2014.12.15.

31. 강형원, "몸맘하나 멘탈클리닉〈20〉", 〈민족의학신문〉, 2018.1.5.

32. 박순기, "구미 원룸 20대 부자 고독사… 사회복지안전망 또 '구멍 뚫렸다'", 〈연합뉴스〉, 2018.5.8.

33. 정혜신, 《당신이 옳다》, 해냄출판사, 2018.

34. 김진호, "천냥 빚 갚는 말", 〈경북매일〉, 2015.1.9.

35. 윤지선, "내 언어의 온도는?", 〈전북일보〉, 2018.2.22.

36. 유인경, "유인경의 '꼰대와 밀레 사이'… 아재 개그하고 혼자 '크크' 웃는 부장", 〈매경이코노미〉, 2018.7.30.

37. 임혜지, "삼성에스원 노조 "사내 폭언·인격모독 등 '갑질' 여전"", 〈천지일보〉, 2018.1.5.

38. MBC 뉴스데스크, "[전종환의 빅 이슈] 잇따른 '고객 갑질'… 극한 직업 '감정노동자'", MBC, 2018.7.6.

39. 정유희, 《듣고 싶은 한마디, 따뜻한 말》, 보아스, 2018.

40. 전은경, "신이 부리는 요술 '관찰자 효과'", 〈브레인미디어〉, 2012.11.26.

___ 네 번째 기회 / **결혼**

1. 개똥이네 철학관, "비혼의 철학", tvN, 2019.8.20.

2. 이지원, "[솔로소사이어티] 지금은 '비혼(非婚) 시대'… 결혼은 필수가 아닌 선택! "이제 그만 존중해 주시죠?"", 〈데일리팝〉, 2019.9.4.

3. 김대우, "미혼 남녀 10명 중 9명, 결혼은 필수 아닌 '선택'", 〈헤럴드경제〉, 2017.5.19.

4. 박수인, ""꽃할배' 김용건 "다시 태어나고 싶어" 눈물로 고백한 가정사[어제 TV]", 〈뉴스엔〉, 2018.8.18.

5. 21세기북스, "[FULL] 굿 라이프가 뭔가요?", 2018.7.6. https://www.youtube.com/watch?v=r9gBE_sDeow

6. 최치선, "[인터뷰] 캐런 이분란 소장… 프로의식과 아이디어가 샘솟는 여행 기획자", 〈트래블아이〉, 2019.10.6.

7. 허연, "[명저 산책] 에리히 프롬 '소유냐 존재냐'", 〈매일경제〉, 2010.7.9.

8. 오진영, "여성 56.8% "취업하면 우울증 해소 가능"", 〈베이비뉴스〉, 2014.6.20.

9. 한기연, 《서른다섯의 사춘기》, 팜파스, 2017.

10. 구자윤, ""시댁·처가 호칭도 남녀차별… 바꿔주세요"", 〈파이낸셜뉴스〉, 2017.10.15.

11. 정원식, "[참사 그 후(5) 독일 홀로코스트] 집 앞에, 일터 옆에… 박물관 아닌 일상서 추모와 반성", 〈경향신문〉, 2018.8.6.

12. 이승환, ""아버지 뭐하시노"… 결혼 상대 가치관 이어 부모·직장 본다", 〈뉴스1〉, 2018.7.16.

13. 존 가트맨·낸 실버, 《행복한 부부 이혼하는 부부》, 문학사상사, 2002.

14. 배정원, "당당한 性, 즐거운 色(1)", 〈농민신문〉, 2016.4.29.

15. 표준국어대사전, '자연스럽다'.

16. 김학현, "스와들, 바운서, 치발기… 도대체 무슨 뜻?", 〈오마이뉴스〉, 2015.2.24.

17. 고레에다 히로카즈, 〈그렇게 아버지가 된다〉, 2013.

18. 랜선라이프 - 크리에이터가 사는 법, 1회, 성치경, JTBC, 2018.7.6.

19. 네이버지식백과 한경 경제용어사전, 'Z세대'.

20. 김영사, "유발 하라리에게 묻다. 〈호모 데우스〉 10문 10답", 2017.7.10. https://m.post.naver.com/viewer/postView.nhn?volumeNo=8569262&memberNo=2367855&vType=VERTICAL

21. 임대환, "선진국은 AI 활용·'지식 코치제' 운영… 맞춤형 교육 극대화", 〈문화일보〉, 2018.2.27.

22. 케빈 켈리, 《인에비터블 미래의 정체》, 청림출판, 2017.

23. 드니 빌뇌브, 영화 〈블레이드 러너 2049〉, 2017.

24. 박효진, "스티브 호킹 "30년 내 지구를 떠나야 한다" 경고", 〈국민일보〉, 2017.6.25.

25. 김민성, "창작예술 인공지능 일취월장… 김진형 원장 "25년 내 인공지능이 인간 앞설 것"", 〈시빅뉴스〉, 2018.4.20.

26. 팀 페리스, 《지금 하지 않으면 언제 하겠는가》, 토네이도, 2018.

27. 반칠환, "[시로 여는 수요일] 엄마, 어머니, 어머님", 〈서울경제〉, 2018.5.8.

___ 다섯 번째 기회 / **꿈**

1. 고승아, "'냉장고를 부탁해' 이국주, 짬뽕에 밥 말아먹고 반찬으로 짜장면?", 〈한국경제〉, 2017.6.27.

2. 신나라, "'3대천왕' 이휘재 "짬뽕VS짜장 영원한 숙제"", 〈TV리포트〉, 2015.10.23.

3. 임하나, "[Opinion] '결정 장애(햄릿 증후군)'를 앓고 있는 우리들 [사람]", 〈아트인사이트〉, 2019.4.22.

4. 유태관, "점심메뉴부터 배우자 선택까지, 성인남녀 80.6%, 결정장애 겪어", 〈에듀동아〉, 2017.11.27.

5. 배리 슈워츠, 《점심메뉴 고르기도 어려운 사람들》, 예담, 2015.

6. 배리 슈워츠, 《선택의 심리학》, 웅진지식하우스, 2005.

7. 신디스쿨, "어려운 선택을 현명하게 하는 법", 2016.5.18. https://m.post.naver.com/viewer/postView.nhn?volumeNo=4276830&memberNo=7769417&vType=VERTICAL

8. 빅터 프랭클, 《죽음의 수용소에서》, 청아출판사, 2005.

9. 네이버 지식백과, 두산백과, '프리다 칼로'.

10. 조원재, 《방구석 미술관》, 블랙피쉬, 2018.

11. 이회훈, "광화문 글판 25주년, 최고 명작은 이 글", 〈오마이뉴스〉, 2015.5.27.

12. 생텍쥐페리, 《인간의 대지·젊은이의 편지》, 범우사, 2001.

13. 프랑수아 를로르, 《꾸뻬 씨의 행복 여행》, 오래된미래, 2004.

14. 한승주, "'직장인이여, 회사와 일 통해 행복 찾으라'… 소설 '꾸뻬씨의 행복 여행' 저자 를로르, 상의 강연", 〈국민일보〉, 2015.6.18.

15. 21세기북스, "[FULL] 굿 라이프가 뭔가요?", 2018.7.6. https://www.youtube.com/watch?v=r9gBE_sDeow

16. 김민성, "[신간] 하버드 행복 수업… 왜 세계 최고 지성들은 행복 수업을 듣는가", 〈미래한국〉, 2017.5.12.

17. 김충남, "나이 값을 하라. (15세~40세)", 〈디트뉴스24〉, 2014.9.15.

18. 박다해, "17년 만에 되살아난 김광석… '서른 즈음에' 탄생 비화는?", 〈머니투데이〉, 2013.12.29.

19. 리바이병장, "당신이 지난 30대를 돌아보며 후회할 11가지", 2014.4.25. https://ranky.tistory.com/402#

20. 홍채희, "책쓰기브랜딩스쿨, '책 쓰기 해야 하는 이유 BEST 3' 공개", 〈데일리시큐〉, 2018.8.30.

21. 신석호, "이상민 책 쓰기, 도산 안창호 선생의 정신을 존중하고 따르다", 〈광주매일신문〉, 2018.8.18.

22. 김민성, "성공 책 쓰기 아카데미 "책 쓰기는 불황을 기회로 만드는 전략이다"", 〈미래한국〉, 2018.8.15.

23. 김태윤, 《토닥 토닥 마흔이 마흔에게》, 고즈윈, 2018.

24. 문하늘, "'인디언식 이름 짓기' 화제, 생년월일만 알면 만들 수 있어", 〈한국경제〉, 2015.5.29.

25. 서태호, "[서태호의 영화로 보는 삶] 당신을 떠올리게 하는 또 다른 이름은?", 〈한국경제〉, 2019.7.25.

26. 이지영, ""이름으로 '시'지어 드립니다"… '이름시'로 힐링하세요", 〈한국일보〉, 2017.10.23.

27. 박해나, "[꿀Q열전] 이름시 작가 고석균, 그는 나에게로 와 이름시를 지어줬다", 〈잡앤조이〉, 2016.4.7.

28. 김형자, "왼손잡이가 돈을 더 잘 번다?", 〈한겨레〉, 2007.10.26.

29. 장덕현, "왼손잡이에 대한 조사", 〈한국갤럽조사연구소〉, 2013.11.13.

30. 오가희, "오른손잡이는 옳은(right) 손잡이인가?", 〈중부매일〉, 2016.10.19.

31. 이광수, "왜 손으로 밥을 먹고, 왜 손으로 똥을 닦는가?", 〈레디앙〉, 2017.8.8.

32. 풀 뜯어 먹는 소리, tvN, 2018.7.30.

33. 정은진, "소명, 나의 즐거움과 세상의 필요가 만나는 지점", 〈아름다운동행〉, 2014.5.4.

34. 김인영, "[8/28 오늘] 마틴 루터 킹 '나에겐 꿈이 있습니다'", 〈오피니언뉴스〉, 2018.8.27.

___ 에필로그 / 진짜 나의 삶은 이제부터 시작이다

1. 문권모, "우연에서 필연으로 [오늘과 내일/문권모]", 〈동아일보〉, 2019.9.28.
2. 최성희, "티나 실리그: 행운은 만들어 가는 것!", 〈월간리크루트〉, 2018.11.26.
3. 김보경, "'신'은 언제나 '인간'을 괴롭힌다", 〈한겨레21〉, 2013.3.15.

30대를 통과하는 사람들을 위한 지침서

서른 넘어 찾아온
다섯 가지 기회

초판 1쇄 발행 2020년 4월 30일
초판 4쇄 발행 2021년 1월 20일

지은이 김현중
펴낸이 권미경
기획편집 김효단
마케팅 심지훈, 강소연, 김재영
디자인 어나더페이퍼
펴낸곳 ㈜웨일북
출판등록 2015년 10월 12일 제2015-000316호
주소 서울시 서초구 강남대로95길 9-10, 웨일빌딩 201호
전화 02-322-7187 **팩스** 02-337-8187
메일 sea@whalebook.co.kr **페이스북** facebook.com/whalebooks

소중한 원고를 보내주세요.
좋은 저자에게서 좋은 책이 나온다는 믿음으로, 항상 진심을 다해 구하겠습니다.

「이 도서의 국립중앙도서관 출판예정도서목록(CIP)은
서지정보유통지원시스템 홈페이지(http://seoji.nl.go.kr)와
국가자료공동목록시스템(http://www.nl.go.kr/kolisnet)에서 이용하실 수 있습니다.
(CIP제어번호 : CIP2020015383)」